数字文创产品与品牌设计

甄永亮 —— 著

燕山大学出版社

·秦皇岛·

图书在版编目（CIP）数据

数字文创产品与品牌设计 / 甄永亮著. --秦皇岛：燕山大学出版社，2024.6. --ISBN 978-7-5761-0691-6

I. G114

中国国家版本馆CIP数据核字第20241HT085号

数字文创产品与品牌设计
SHUZI WENCHUANG CHANPIN YU PINPAI SHEJI

甄永亮 著

出 版 人：陈 玉	
责任编辑：张岳洪	策划编辑：张岳洪
责任印刷：吴 波	封面设计：陈思淼
出版发行：燕山大学出版社	电 话：0335-8387555
地 址：河北省秦皇岛市河北大街西段438号	邮政编码：066004
印 刷：涿州市般润文化传播有限公司	经 销：全国新华书店
开 本：710mm×1000mm 1/16	印 张：13
版 次：2024年6月第1版	印 次：2024年6月第1次印刷
书 号：ISBN 978-7-5761-0691-6	字 数：230千字
定 价：88.00元	

版权所有 侵权必究

如发生印刷、装订质量问题，读者可与出版社联系调换

联系电话：0335-8387718

序言

2021年由永亮设计团队完成的《一路潜行：为承德而设计》结集出版，转眼间，已过三年。永亮设计团队信守每三年出版一部专著的承诺，并遵循"为承德而设计"的教学和科研理念，经过紧张的组稿与精心编排，《数字文创产品与品牌设计》一书终于完成。

避暑山庄，不仅是中华民族深厚历史文化底蕴的载体，更是数百年的辉煌与变迁的见证者。作为地方高校河北民族师范学院的一份子，我们肩负着将这一文化瑰宝与现代设计理念相结合的使命，以期打造出既蕴含传统文化精髓又富有地方特色的文化创意产品，这既是我们对传统文化的传承与弘扬，也是地方高校科研与教学应有的坚守与担当。

承德，钟灵毓秀，山川秀美，人文资源丰富。这里的风土人情、历史传统为地方企业的品牌设计与包装设计提供了源源不断的灵感。永亮设计团队一直在探索如何将这些宝贵的文化元素与现代设计相融合，使之既展现承德的地域特色，又符合当代审美。这一课题不仅值得深入探讨，也是河北民族师范学院师生不懈努力的方向。

本书的编纂，得益于河北民族师范学院美术与设计学院的倾力支持，我们以地方应用型高校的发展和硕士点建设为契机，鼓励师生以艺术设计服务地方产业发展为研究出发点和实践落脚点，通过研究与实践相结合的方式，深入探索了避暑山庄文化创意产品及承德地区品牌与包装的设计思路和设计过程。我们期望通过本书，能够将承德的地域文化与现代设计理念完美结合，打造出具有市场竞争力的地方特色产品。

展望未来，我们将以《数字文创产品与品牌设计》一书的出版为契机，进一步加强与地方政府、文化机构以及企业的合作，推动承德地区文化创意产业的快速发展，培养出更多具有创新思维和实践能力的艺术设计人才。他们是推动文化产业发展的关键力量，将为承德地区的文化创意产业发展贡献自己的智慧和力量。

甄永亮

2024年4月17日

Yongliang Design
永亮設計

团队成员：

张 莹	程 聪	王晓颖	赵琦琦	陈子宁	杨梦婷	王 超	高 旭
张冬冬	张孝林	张 昊	高张冉	张佳丽	曹加帅	刘 洋	张雨晨
赵晓亮	王逸菲	李 雪	陈 明	倪晓萍	李朔领	郭子杰	杨正朝
闫刚鑫	张 浩	赵莹莹	陈明慧	于夏冰	郭怡玮	郑欣怡	刘薛唱晓
李佳鸿	王金辉	曹康婧	陈思淼	张琦航	张博越		

目录

001　第1章　避暑山庄数字文创产品设计综述
002　1.1　研究背景及目标
004　1.2　数字文创产品国内外研究现状
005　1.3　避暑山庄数字文创产品设计的现状
006　1.4　避暑山庄数字文创产品设计拟解决的关键问题
007　1.5　避暑山庄数字文创产品的设计方法
008　1.6　避暑山庄数字文创产品的设计原则
009　1.7　避暑山庄数字文创产品的设计价值

011　第2章　避暑山庄数字文创产品设计研究与实践
012　2.1　避暑山庄七十二景名称字体设计研究与实践
020　2.2　避暑山庄七十二景数字插画设计研究与实践
028　2.3　康熙三十六景文创产品设计研究与实践
042　2.4　乾隆三十六景文创产品设计研究与实践
052　2.5　避暑山庄IP形象设计研究与实践

063　第3章　地域文化在品牌形象与包装设计中的应用研究
064　3.1　地域文化的定义及其特点
066　3.2　品牌形象设计、包装设计与地域文化的关联
068　3.3　承德地域文化在品牌形象设计中的应用策略
072　3.4　承德地域文化在包装设计中的应用策略

075　第4章　区域品牌形象及包装设计研究与实践
076　4.1　鱼儿山牧场品牌形象及包装设计研究与实践
082　4.2　木兰云液品牌形象及包装设计研究与实践
090　4.3　承月鲜枣农产品品牌形象及包装设计研究与实践
098　4.4　承秦绿保品牌形象及包装设计研究与实践
106　4.5　热河皇庄品牌形象及包装设计研究与实践
114　4.6　承德市庆有鱼生态农业发展有限公司品牌形象设计研究与实践
124　4.7　承德市九鼎御生态农业发展有限公司品牌形象设计研究与实践
132　4.8　承德市文化创意产品研发中心视觉形象设计研究与实践
140　4.9　承德市图书馆视觉形象设计研究与实践

| 148 | 4.10 文津书房标志设计研究与实践
| 154 | 4.11 首届河北省漆艺术展暨全国漆艺名家邀请展形象设计研究与实践
| 160 | 4.12 承德市气象融媒体中心视觉形象设计研究与实践
| 170 | 4.13 承德晶浪材料科技有限责任公司视觉形象设计研究与实践
| 178 | 4.14 承德筝世家古筝艺术工作室品牌形象设计研究与实践
| 186 | 4.15 承德清音研究会标志设计研究与实践
| 190 | 4.16 承德工匠标志设计研究与实践

| 195 | 第5章　机遇与挑战
| 196 | 5.1 避暑山庄数字文创产品面临的机遇与挑战
| 197 | 5.2 地域文化在承德品牌形象与包装设计中的机遇与挑战

| 199 | 参考文献

| 200 | 后记

第1章
避暑山庄数字文创产品设计综述

（插图绘制：李佳鸿）

1.1 研究背景及目标

研究背景

避暑山庄，始建于康熙四十二年（1703年），其前身为热河行宫，康熙五十年（1711年）正式题名为避暑山庄，历经清朝康熙、雍正、乾隆三代帝王，耗时约89年，至乾隆五十七年（1792年）最终竣工。建立避暑山庄一般认为有三个缘由：一是适应木兰秋狝的需要，二是集避暑游览与料理国事于一体，三是团结少数民族以稳定边疆。

承德是清朝的陪都，是清代的第二个政治中心，避暑山庄是清代帝王在口外消夏、处理军政事务和民族问题的重要场所。避暑山庄作为承德市的标志性文化IP和世界文化遗产，拥有深厚的文化内涵和艺术风格。近几年，避暑山庄的旅游IP形象和文化创意产品在文化传承和发扬方面也在不断得到有效开发，特别是数字文创产品的设计研发也正在起步阶段。因此，如何立足当前文旅大背景，开发具有较高原创性并适应市场需求的文创产品，同时由传统文创产品向数字文创产品转化，成为一个新的研究方向。

随着数字技术的快速发展，数字文创产品作为一种新型的文化传播方式，正逐渐受到市场的青睐。数字文创产品不仅具有更强的互动性和传播性，还能够通过虚拟现实、增强现实等技术手段，为游客提供更具互动性的文化体验。因此，将避暑山庄的文化元素与数字技术相结合，以创意设计为核心，设计具有独特魅力和文化内涵并符合现代审美的数字文创产品，实现文化和经济的共赢，对于提升避暑山庄的文化影响力、推动承德旅游产业的发展具有重要的意义。

（插图绘制：陈思淼）

研究目标

（1）深入挖掘避暑山庄的文化内涵和艺术风格，提取其独特的文化元素和符号，建立数字化资源库，为数字文创产品的设计提供丰富的素材来源。

（2）探索数字技术在文创产品设计中的应用，通过虚拟现实、增强现实等技术手段，打造具有互动性和沉浸感的数字文创产品，特别是在小而美的文创产品方面进行积极的尝试和探索。

（3）进行以避暑山庄七十二景为主题的数字文创产品和传统文创产品的设计实践，在此基础上实现二者的相互转化。

（4）通过市场调研和用户反馈，不断优化传统文创产品和数字文创产品的设计，提升产品的市场竞争力和用户满意度。

（插图绘制：陈思淼）

1.2　数字文创产品国内外研究现状

国内研究现状　　国内的数字文创产品设计正处于一个快速发展和创新的阶段。数字化技术的不断革新，使得数字文创产品得到广泛的关注和深入研究。目前，国内的研究主要集中在如何将传统文化元素与现代科技相结合，从而创造出既具有文化底蕴又富有现代感的数字文创产品。例如，通过运用先进的AR（增强现实）和VR（虚拟现实）技术，成功地再现了古代的建筑风貌和生活场景，使用户能够身临其境地体验历史文化的魅力。此外，国内设计师还在用户体验和交互设计上进行了深入的探索。他们致力于设计出具有趣味性和互动性的数字文创产品，以提高用户的参与度和满意度。然而，尽管国内数字文创产品设计取得了一定的成就，但仍面临着创意原创性不足和对地方文化传承不够深入的挑战。

国外研究现状　　在国外，尤其是发达国家，数字文创产品的设计研究已经相当成熟，并呈现出多元化的特点。丰富的文化资源和先进的技术实力，为数字文创产品的设计创新提供了坚实的基础。同时，国外更加注重对文化元素的深入挖掘和创新运用，将当地的文化特色融入数字文创产品中，从而打造出独具魅力的作品。在用户体验和互动性方面，他们利用先进的交互设计理念和技术，创造出富有吸引力和趣味性的数字文创产品，深受用户喜爱。如法国的《永恒的巴黎圣母院》虚拟展览，游客在佩戴VR头盔后，可以在虚拟世界中了解巴黎圣母院的建造史，目睹巴黎圣母院从850年前开始建造到后来所经历的一系列历史事件及演变，直至当今的修缮现场。

　　总的来说，国内外在数字文创产品设计方面都呈现出蓬勃发展的趋势并取得了一定的成果，但仍存在一些挑战和问题，如如何挖掘和传承地域文化、如何提升数字文创产品的用户体验和互动性、如何加强数字文创产品的市场推广等。今后，我们仍需借鉴国外的先进经验和技术，加强创意原创性和文化传承的深度，打造更加优秀的文创产品，以推动国内数字文创产品设计水平的不断提升。

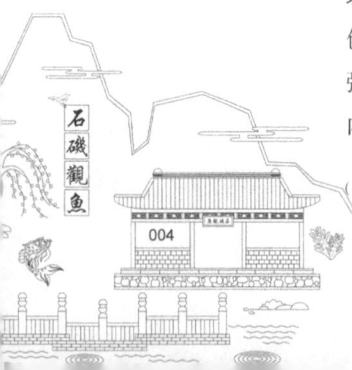

（插图绘制：曹康婧）

1.3 避暑山庄数字文创产品设计的现状

避暑山庄作为一处具有丰富历史文化和独特建筑风格的文化遗产，正逐步融入数字技术以开发文创产品，周边的文创产品线已从传统的纪念品、工艺品等实体商品，延伸至数字化领域，例如数字化复原景观与虚拟现实体验等。2023年，避暑山庄在卷阿胜境殿举办了名为"正色山川又见盛华"的数字化复原艺术展，该展览通过数字化手段使避暑山庄那些经典的园林庭院得以"重生"，为游客提供了一种全新的沉浸式艺术体验。

避暑山庄与中央美术学院合作推出了数字文创纪念票。这种数字文创产品形态，具有一定的收藏价值，同时可以通过扫描票面二维码，为游客提供专业语音导览与手绘地图浏览等功能，从而实现了一种更为深入的沉浸式游览。避暑山庄管理处与河北民族师范学院、承德市文化创意产品研发中心合作，共同研发文化创意产品，并在景区内专门开设了文创商店，销售高校原创文创产品，实现了产学研的结合。与此同时，避暑山庄旅游集团和承德本地大量的文创产业从业者也在不断地进行各种尝试，推动避暑山庄文创产品的进步。

纵观目前避暑山庄在文创产品设计方面的成果，不难发现其文创产品仍处于积极探索阶段，缺少代表性产品，整体的原创性和引领性略显不足，特别是在数字文创产品方面，有较大提升和开发空间。因此，如何更加深入地挖掘避暑山庄的文化精髓，并据此打造出更具创意与吸引力的数字文创产品，仍是需要持续探索与实践的重要课题。

（插图绘制：曹康婧）

1.4 避暑山庄数字文创产品设计拟解决的关键问题

1.文化传承与创新

避暑山庄作为世界文化遗产，承载了丰富的历史文化和建筑艺术风格。数字文创产品设计的首要任务就是要深入挖掘并传承这些独特的文化元素，并在传承和发扬的基础上进行创新，在某种程度上实现数字文创和传统文创产品之间相互转化，使文创产品既体现文化底蕴，又能符合现代审美和市场需求，同时这也是本书研究和实践的重点。

2.技术实现与用户体验

数字文创产品的设计涉及VR、AR、数字艺术、7D技术等多种数字技术的应用。如何将这些技术有效地融入产品设计中，实现文化的数字化呈现，同时确保产品的稳定性和易用性，是技术实现方面需要解决的关键问题。此外，如何优化用户体验，使游客在使用数字文创产品时能够获得沉浸式的文化体验，也是设计过程中需要重点考虑的问题，对此本书只作理论上的探讨。

3.市场定位与推广策略

文创产品的市场定位和推广策略对于产品的成功至关重要，即如何根据目标用户群体的需求和偏好，制订合适的市场定位和推广策略，使文创产品能够在激烈的市场竞争中脱颖而出。此外，如何与其他旅游产品和服务形成有效的互补和联动，共同推动避暑山庄旅游产业的发展，也是需要考虑的重要问题。

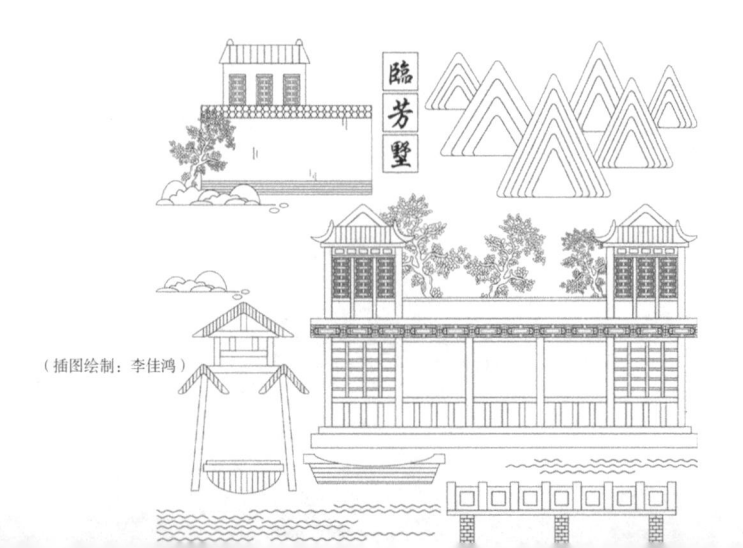

（插图绘制：李佳鸿）

1.5 避暑山庄文创产品的设计方法

1.突出功能性的设计

功能性是文创产品设计的基础，一般来说功能性不是单一的，它可能具备多种功能和一定的审美功能。功能性决定了产品的实用价值和用户体验。避暑山庄常规的文创产品中需要注重实用功能和审美功能，在数字文创产品的设计中，更重视的是流畅的交互体验，让用户能够方便地获取所需信息或进行操作。

2.突出文化内涵的设计

文化内涵是避暑山庄文创产品设计中的核心。可以从以下三个方面突出文创产品的文化内涵：一是对避暑山庄的历史、建筑、园林艺术等进行深入研究，提取具有代表性的文化元素；二是将避暑山庄的历史故事、传说等融入产品设计中，通过故事化的方式呈现其文化内涵，增强用户的代入感和兴趣；三是将避暑山庄的特色元素抽象为符号，运用在产品设计中，使其既具有辨识度又能传达文化信息。文创产品中的文化内涵一般是通过"故事"来进行传递，使消费者产生心理上的共鸣，这是文创产品常用的设计方法之一。

3.融入数字技术的设计

数字技术的应用是文创产品创新的关键。科技的快速迭代，远远超出了人们的想象。例如，可以利用三维建模技术重现避暑山庄的历史风貌；通过虚拟现实技术为用户提供沉浸式的游览体验；通过语音识别等交互技术，结合音频、视频等多媒体元素，丰富用户的感官体验。

避暑山庄文创产品的设计需要综合考虑功能性、文化内涵和数字技术的运用。通过明确产品定位、优化交互设计、深入挖掘历史文化以及融入先进的数字技术，打造出既实用又具有文化内涵的文创产品。

（插图绘制：李佳鸿）

1.6 避暑山庄数字文创产品的设计原则

1.真实性原则

在进行数字文创产品设计时，真实性原则是首要原则。它是确保产品准确传达避暑山庄深厚历史文化与独特建筑风格的关键，因此需结合历史文献和档案资料，深入探索避暑山庄风貌的演变，对其历史背景、文化内涵及建筑风格进行深入且细致的挖掘，通过精确的数据采集与场景重现技术，对避暑山庄的建筑与景观进行完整的呈现，在数字技术的赋能下展现避暑山庄的独特韵味和整体风貌，真实反映避暑山庄的每一处细节，让游客感受到其厚重的历史文化底蕴。

2.互动性原则

互动性是数字文创产品最明显的特征。在避暑山庄数字文创产品中增加产品的互动性，可以让游客直观地了解避暑山庄的历史和文化，提升游览体验。可以利用虚拟现实技术，为游客打造一个沉浸式的游览体验。通过佩戴VR眼镜，游客仿佛置身于避暑山庄之中，与各种建筑和景观进行互动。这种沉浸式的游览方式能够让游客更加深入地了解避暑山庄的历史和文化，为他们带来前所未有的游览体验。

3.市场导向原则

市场导向原则是指以市场需求为出发点，设计出符合消费者需求的产品。文创产品的需求和供给是通过市场来联系的，因此，避暑山庄文创产品设计者要精准搜集文创市场导向和文化内涵，设计出兼具文化内涵和符合市场需求的文创产品。

4.创新性原则

创新性原则包含地域创新、产品品类创新、消费群体差异化创新等方面。在避暑山庄数字文创产品设计中，运用设计方法将避暑山庄的文化特色融入产品设计中，体现出地域性特征，是实现避暑山庄文创产品创新的方法之一。在传承历史文化的基础上，结合现代科技手段进行创新设计是数字文创产品的核心竞争力所在。通过创新设计，适应各类顾客的多样需求和价值诉求，可以为游客带来更加新颖、有趣的游览体验。

（插图绘制：王金辉）

1.7 避暑山庄数字文创产品的设计价值

数字文创产品的研发和推广，可以让更多的人亲身感受避暑山庄独特的文化魅力，因此，避暑山庄文创产品的研发具有多重价值。

1.文化价值

通过数字化技术，将避暑山庄的深厚历史文化、引人入胜的历史故事、独特的建筑风貌以及精美的园林景观，以全新的方式呈现出来，使人身临其境地感受康乾时代的风貌，使中华优秀传统文化的精髓得以长久传承。

2.商业价值

从产业角度来看，避暑山庄数字文化创意产品的开发具有巨大的市场潜力。随着文化旅游产业比重的日益增长，数字文化创意产品的广泛推广与应用，不仅将吸引更多游客探访避暑山庄，还将刺激文化旅游产业的蓬勃发展，为承德地区文化创意产业经济注入新的活力。

3.教育价值

通过先进的虚拟现实和增强现实技术，游客能够沉浸式地体验避暑山庄的宏伟景观与悠久历史，从而获得更加深刻的文化感知和历史领悟。游客能够获取更加丰富、生动的教育内容，以寓教于乐的方式激发更多人对历史文化的兴趣。

通过精准而富有创意的视觉设计，进一步凸显避暑山庄数字文化创意产品开发的独特价值和深远意义，这不仅有助于传统文化的现代传承，还能有效推动文化产业的创新与经济增长。

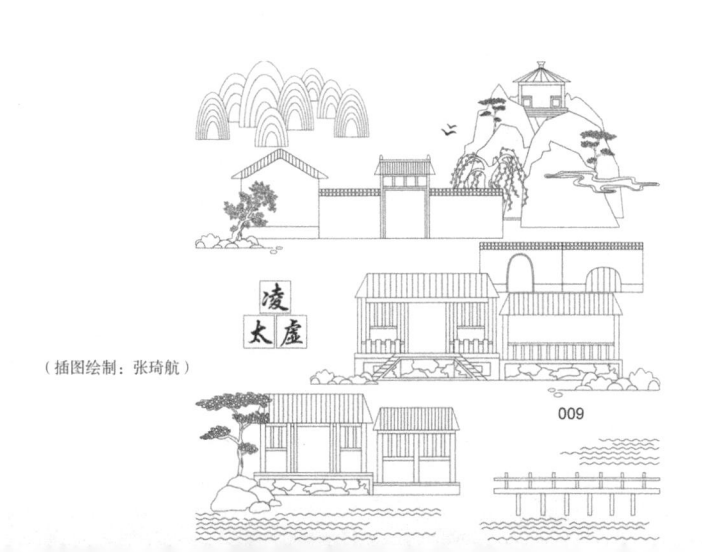

（插图绘制：张琦航）

康熙三十六景

烟波致爽 芝径云堤 无暑清凉 延薰山馆 水芳岩秀 万壑松风 松鹤清越
云山胜地 四面云山 北枕双峰 西岭晨霞 锤峰落照 南山积雪 梨花伴月
曲水荷香 风泉清听 濠濮间想 天宇咸畅 暖流暄波 泉源石壁 青枫绿屿
莺啭乔木 香远益清 金莲映日 远近泉声 云帆月舫 芳渚临流 云容水态
澄泉绕石 澄波叠翠 石矾观鱼 镜水云岑 双湖夹镜 长虹饮练 甫田丛樾
水流云在

（插图绘制：王金辉）

乾隆三十六景

丽正门 勤政殿 松鹤斋 如意湖 青雀舫 绮望楼 驯鹿坡 水心榭 颐志堂
畅远台 静好堂 冷香亭 采菱渡 观莲所 清晖亭 般若相 沧浪屿 一片云
苹香泮 万树园 试马埭 嘉树轩 乐成阁 宿云檐 澄观斋 翠云岩 罨画窗
凌太虚 千尺雪 宁静斋 玉琴轩 临芳墅 知鱼矶 涌翠岩 素尚斋 永恬居

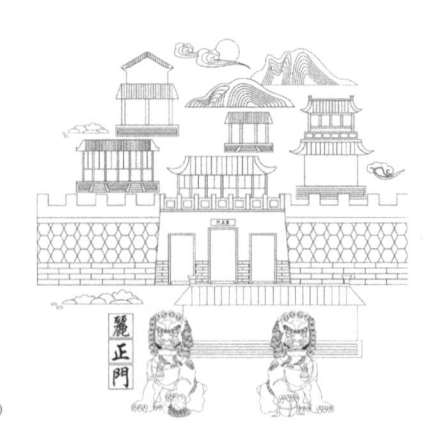

（插图绘制：张琦航）

第2章
避暑山庄数字文创产品设计研究与实践

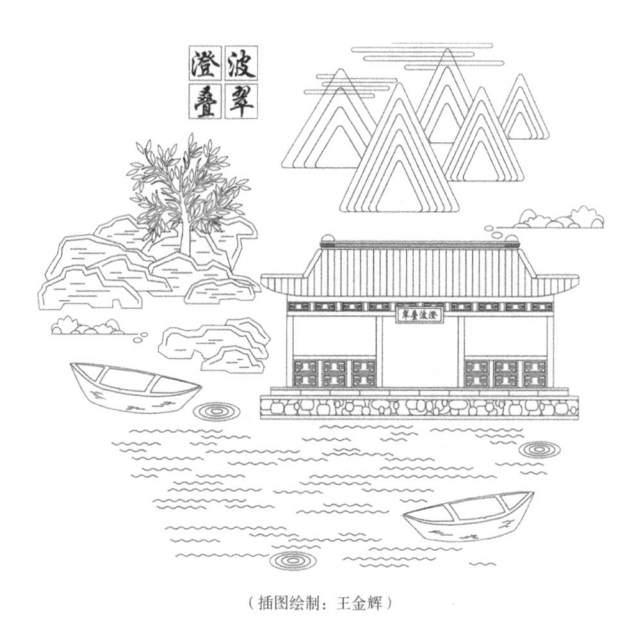

（插图绘制：王金辉）

2.1 避暑山庄七十二景名称字体设计研究与实践

——— 设计背景

清朝历代皇帝常于夏季率领宫廷人员前来避暑山庄，既处理朝政，又享受宁静与悠闲。避暑山庄的景观布局极为考究，自然与人工的景观和谐相融。其中，康熙与乾隆两位皇帝各自钦点的三十六景，合计七十二景，每一景都如画卷般生动，彰显皇家气韵与品味。此外，还有三十六处景致，总计一百零八景，每一处都别具一格，引人入胜。这些景点不仅名字富有诗意，而且各具特色，使人流连忘返。

这些风景名胜之中镶嵌着康熙与乾隆的诗词墨宝。其诗词含义深远，既描绘了景点的美丽风光，又表达了皇帝对这片土地与百姓的深厚情感。这些诗词不仅为避暑山庄的景点增色添彩，更赋予了其深厚的文化底蕴。

在当今旅游文化日益受到重视的背景下，避暑山庄的独特景观与承德的文化底蕴成为吸引游客的重要因素。因此，我们结合避暑山庄的景区特色和承德的文化特点，将景点的独特元素融入字体设计中，力求在字体设计上实现数字化创新。通过精心设计，使景点名称与景观本身相辅相成，让游客在欣赏美景的同时，也能体会设计所蕴含的深意。

——— 设计分析

通过深入挖掘景点意境、建筑特色，与汉字构造规律融合，创造出既符合视觉审美要求，又能凸显避暑山庄七十二景独特魅力的数字化创意字体。

一要剖析避暑山庄七十二景的每一处景点的意境与建筑特色。避暑山庄景点布局精巧，意境深远，既有江南水乡的秀美，又有北方山水的雄浑。在字体设计中，我们将这些特色元素进行提炼，通过笔画的增减、变形和组合，将景点的意境与建筑特色融入字体之中。

二要研究汉字的构造规律，探索如何将景点的意境与建筑特色同汉字结构相结合。在设计中，注重保持汉字的识别性，同时运用现代设计手法，如渐变、透视、立体等效果，对字体进行巧妙的变形与组合。我们尝试将景点的标志性建筑或自然元素作为字体的装饰部分，或者将景点的色彩和纹理运用到字体的设计中，使字体更加生动有趣。

—— 设计原则

避暑山庄七十二景创意字体数字创意设计的原则涵盖了文化性、创新性、审美性、功能性和技术性等方面。

1.文化性原则

字体设计应深刻体现避暑山庄的文化内涵。七十二景各具特色，每一景都承载着深厚的历史文化底蕴。字体设计需深入挖掘景点的意境、建筑特色以及相关的历史故事，通过设计元素和造型的巧妙运用，将文化元素融入字体之中，使字体本身成为文化的载体，让游客在欣赏字体的同时，也能感受到避暑山庄的文化魅力。

2.创新性原则

创新是字体设计的灵魂。在设计中，应摒弃陈旧的思维模式，敢于尝试新的设计理念和技术手段。通过对字体结构、笔画、造型等方面的创新处理，打破传统字体的束缚，创造出具有独特艺术风格的字体形象。同时，还应注重字体与数字技术的结合，利用数字技术实现字体的动态化、互动化，提升游客的体验感。

3.审美性原则

字体设计应符合审美规律，注重线条的流畅、结构的均衡、造型的美观。在设计中，应充分考虑字体的整体布局和细节处理，确保字体在视觉上具有和谐、统一的美感。同时，还可以通过色彩的对比和光影的处理，增强字体的立体感和深度感，提升字体的视觉冲击力。

4.功能性原则

字体设计应具有明确的功能性。在避暑山庄七十二景的创意字体设计中，字体不仅要美观大方，还应具有易于识别、易于记忆的特点。同时，字体设计还应考虑到不同媒介的呈现效果，确保字体在各种场景下都能保持良好的识别性和可读性。

5.技术性原则

字体设计应充分利用数字技术的优势，实现设计的精准化和高效化。通过数字技术，可以精确控制字体的笔画粗细、角度、弧度等参数，实现字体的精确复制和高效输出。此外，数字技术还可以实现字体的动态化、互动化设计，提升游客的参与感和体验感。

（字体设计：李佳鸿）

设计方法

1. 替换法

设计避暑山庄七十二景每个景点的名称创意字体时，均要查阅该景点的文字介绍、字画以及诗文等，了解景点的功能与特点，运用多种方法对景点名称字体进行创意设计。其中康熙三十六景中的"曲水荷香"和"松鹤清越"等创意字体设计，运用了替换法。把"曲水荷香"的"荷"字中"口"字的部分替换成荷花的设计元素，"松鹤清越"的"清"字中的部分笔画替换成了云纹的图形设计，其中的蜻蜓和仙鹤可以进行移动，使整个设计互动性更强，从视觉上更具美感，能够更加清晰直观地体会到文字所蕴含的景点意境，在形象上增加了一定的艺术感染力。

（字体设计：陈子宁）

2. 共用法

寻找字体与字体之间笔画的相似性，找到可以共用的笔画，巧妙地结合，增强文字间的联系。"香远益清"和"风泉清听"等创意字体在设计中运用了笔画共用法，增强了字体笔画之间的联系，不会让每个字体看起来很孤立，在保持识别性的基础上给人一种整体性的视觉效果。

（字体设计：陈子宁）

3.错落摆放法

改变字体以往固有的直排、竖排、长短高低一致的排列方式，改善整组字体看起来平淡无奇而且单一死板的状态。"静好堂"呈三角形排版，打破简单的横排、竖排使字体具有艺术感，"素尚斋"中"尚"字进行了缩短的设计，与其他两个字高低不一致，形成节奏感，排列错落有致，体现了创意字体的艺术魅力。

（字体设计：李佳鸿）

—— 设计风格

避暑山庄七十二景是根据各景点的周围环境、景点蕴含的意境以及景点的功用来命名的，所以避暑山庄七十二景名称创意字体设计的风格也是根据每个景点的特点来选择的，每组创意字体都有它独特的风格。芳渚临流这里长堤垂柳飘丝，清澈的湖水，鱼儿在水中欢跃。这组字体设计要重点加入水纹、柳条、鱼儿的设计元素，给人一种水流幽静，柳枝飘摇，鱼儿浮游的画面感。

冷香亭碧绿的湖水，莲荷净洁，苹叶清香，"冷香亭"字体设计要散发一种沁人肺腑、芳渚临流净高洁的气质。字体笔画比较柔美，加入一些线条的水纹来烘托字体的气质，因此给人一种高贵、冷香之感。

永恬居地处深山之中，环境清爽，气候温和。在这组创意设计中字体颜色的选择不宜过于华丽，整体构图接近传统窗格的形状，还加入了鸟、树的设计元素，赋予了该组创意字体一种舒适安逸、怡神悦性的气质。

（字体设计：李佳鸿）

字体设计的笔画特征选择对于文字内涵的表达至关重要。以"暖流暄波"这组字体为例，其笔画特征的选择充分展现了文字所表达的水流、飞珠的特点。活泼的笔画共用与波纹形的笔画设计，以及水滴形象的巧妙融入，共同构成了流畅的水纹笔画，给人以水的流动感与生命力。这种设计不仅使字体本身更具艺术美感，更与景点中水流的特点相契合，从而有效地传达了文字所蕴含的内涵。

"泉源石壁"这组字体设计中，笔画特征的选择则充分考虑了景点的自然风貌。坚硬的笔画被用来表现山峦石壁的质感，部分笔画甚至用线性水纹来代替，以体现水源依石壁的景致。这种设计使得字体与景点环境融为一体，既突出了景点的特色，又增强了字体的视觉冲击力。

（字体设计：曹康婧）

"翠云岩"字体的横画两边微微翘起，是从该景点建筑的屋顶提取而来的。云状曲折的连接笔画是根据景点环境所设计的，还有些笔画设计成了山峦的形象，使创意设计准确地传达了文字的含义。

"松鹤斋"青松白鹤，"松"字下边笔画直接用松针来衬托表现，"鹤"字右半部分用比较柔美的笔画来体现舞鹤的姿态。该组创意字体的笔画设计类似一些书法笔画，粗细不均但充满古朴的韵律感，让人从创意字体中就可以体会到该景点的意境。

（字体设计：曹康婧）

── **图形选择与运用**

在创意字体设计的过程中，将字体与设计图形巧妙地融合是一项关键任务。图形元素的运用与选择对于实现这种融合至关重要，它必须遵循主次分明的原则，确保字体设计始终是突出的主体。数字化设计技术在这一过程中发挥着重要作用，它提供了更加精准和灵活的设计手段。

以"驯鹿坡"为例，这组字体设计巧妙地使用鹿角图形来替换"鹿"字上边的笔画。这种设计不仅增加了字体的形式美感，还使得字体与景点中的驯鹿形象紧密相连。在数字化设计的帮助下，设计师可以精确地调整笔画的长度、弯曲度和连接方式，确保图形与字体的融合既自然又和谐。

"观莲所"这组字体设计采用了拉长字体的设计手法，并在"莲"字中巧妙地加入了莲蓬的图形。这种设计使得字体看起来更加简洁，同时形成了独特的意境之美。数字化设计技术能够轻松地调整字体的比例和布局，确保莲蓬图形的融入既符合视觉审美规律，又能够突出字体的主体地位。

（字体设计：陈思淼）

创意字体中融入图形的主要目的是丰富画面，陈述景点内容，传达景点意境，所以图形的选择要十分准确，能够传情达意，要与景点的气质相吻合。图形的设计要追求美感，要做到内涵丰富，通过视觉设计传达出作品的艺术魅力，给人留下良好的视觉印象。要注意图形与字体内容相一致，风格统一，使图形与字体呈现出独特的画面效果。"云帆月舫"中"云"字加入了云纹的设计图形，"帆"字把右半部分设计了开口融入小帆船的设计元素，"月"字设计中融合了月牙的图形，使整组创意字体变得更加生动，非常准确地传达出景点的意境，给人以想象的空间，点到为止，引人入胜。

（字体设计：陈思淼）

图形与文字的融合是严格按照设计原则进行设计的。"锤峰落照"在创意设计的过程中不断尝试与修改,把一些笔画根据文字本身的内容融入设计图形。"锤峰"指的是磬锤峰,所以把字体局部融入磬锤峰的图形元素。"落照"字体把部分笔画巧妙地加入了图形设计,准确形象地突出内容主题,图形元素的设计展现了字体的艺术魅力和独特性。

(字体设计:王金辉)

—— **设 计 展 示**

通过创新的视觉语言,将避暑山庄每个景点的字体设计与康乾对景点描绘的诗句相结合,呈现良好的文化性。

2.2　避暑山庄七十二景数字插画设计研究与实践

设计背景

数字插画作为一种具有广泛传播性和艺术感染力的视觉语言，能够有效地提升文化产品的附加值和市场竞争力。通过插画设计，可以将避暑山庄的文化元素与现代设计理念相结合，打造出独具特色的文化产品，进一步宣传和推广避暑山庄的文化价值。插画将美景与故事以更加直观、生动的方式呈现出来，让人们在欣赏美景的同时，也能深入了解避暑山庄的文化内涵。

设计调研

对于避暑山庄建筑数字插画的相关研究，在国内还较为稀缺，关于这一领域的探索尚处于初级阶段。中国古建筑历来在国画中得以精妙体现，那些流传下来的图册和画作，大都采用线描方式，精细入微地勾勒出建筑的轮廓与结构，更有建筑的拆分图解，为后世提供了宝贵的建筑艺术资料。

近年来，插画的形式发生了翻天覆地的变化。传统的线描方式逐渐被简约的图形取代，复杂的图形被提炼成简洁的线条和色块，以更加直观和吸引人的方式呈现在人们眼前。例如，《上海印象之建筑插画》就是一部结合现代插画风格与上海特色建筑所创作的作品，它用简约的线条和色彩，生动地展现了上海建筑的魅力与特色。

因此，此次针对避暑山庄七十二景进行数字插画设计，旨在填补这一领域的空白，通过现代插画手法，赋予避暑山庄建筑以新的生命力与魅力。

设计定位

避暑山庄七十二景数字插画设计旨在通过深入挖掘和展示避暑山庄的地域文化特色，结合现代插画设计的创意手法，创作出既具有传统韵味又富有现代感的插画作品。在插画风格的选择上，我们将结合现代审美趋势，运用简约、明快的设计风格，将复杂的建筑和景观元素进行简化处理，以更加直观、易懂的方式呈现给观众。通过丰富的色彩搭配和细腻的色彩过渡，营造出一种既传统又现代的视觉感受。通过运用创意元素和符号,将避暑山庄的文化内涵进行巧妙的转化和表达,使观众在欣赏插画的同时,能够感受到避暑山庄文化的深厚底蕴和独特魅力。

——设计过程

在设计创作的过程中,辅助图形的运用起到了举足轻重的作用,使得作品呈现更为完整和精致。这些辅助图形不仅丰富了视觉效果,更在不同插画的创作中起到了画龙点睛的效果,使得整体画面更加生动和富有内涵。同时,它们也强化了形象和概念,使得观众能够更加直观地感受到避暑山庄七十二景的独特魅力和文化特色。

在避暑山庄七十二景的插画创作中,设计了七种不同风格的山纹、十种形态各异的云纹,以及十种灵动飘逸的水纹。这些图形不仅丰富了画面的细节,更在视觉上呈现出一种层次感和动态感,使得整个插画作品更加生动和引人入胜,这些水纹、云纹和山纹可以根据不同的要求进行搭配,产生多种变化,体现出数字插画的魅力。在云纹的处理中,从古代复杂的云纹中提炼出精华,简化为一条弯曲的线条,既保留了云的流动感,又赋予了其现代感。色块的堆叠形成抽象化的云,使得整个画面更加生动而富有层次感。对于山的表现,我们采用简单的线条勾勒山的轮廓,或者用三角形的叠加来形成山的立体感。在四面云山这一景致中,巧妙地运用了近大远小的透视规则,使得画面更具空间感。

水流的表现方式则更为多样。在曲水荷香一景中,用小波浪来体现涓涓细流的温柔与宁静。而在颐志堂下雨的场景中,我们则排列出圆圈,以表现雨水落地的情景,使画面充满了动感与生机。

此外,还根据地势环境创作了一些辅助图形。例如,在松鹤斋一景中,我们绘制了周围密布的松针,以突出此景的特色。而在南山积雪一景中,我们则在上空绘制了密集的雪花,以表现其常年积雪的特点。

这些细致入微的处理,能够更好地呈现出避暑山庄七十二景的独特魅力,使观众在欣赏插画的同时,也能够深刻感受到其中蕴含的文化内涵和地域特色。

数字文创产品与品牌设计

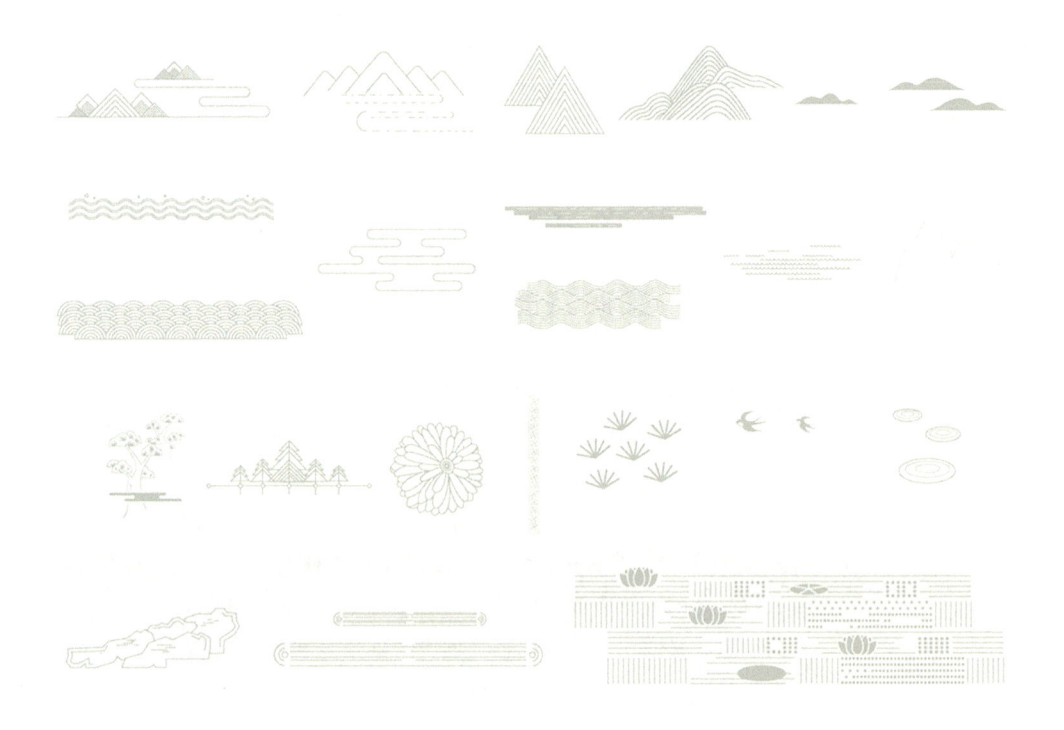

　　芝径云堤为康熙三十六景第二景，以山纹与水纹作为辅助图形，利用抽象图形来表现背景环境及氛围。南山积雪则因环境的不同，所表现的山更抽象化，以雪为氛围衬托，使得整幅画面更具有生动气息。乐成阁这幅插画更是因为辅助图形使得画面丰富，以点线形式描绘出土地与建筑之间的联系，呈现出了一定的趣味性。

我们通过对复杂的图形进行提炼，以简洁的风格形式，创作了避暑山庄七十二景系列之冰箱贴标签。丰富的图案使包装更能展现出避暑山庄的文化，简洁大方的颜色搭配更是让人爱不释手。

通过实地多角度地拍摄七十二景建筑，我们发现每个建筑都有不一样的造型特点，于是找到它们最中心的角度，制作成草稿图。以芝径云堤为例，按比例画出建筑的线稿，对线稿进行重新设计，使用更加简洁的线条进行简化和提炼。扁平化的图形创作手法能起到去除冗余、厚重和繁杂的装饰作用，这也是它的核心作用，通过简单的处理就能把主体图形凸显出来，强调极简和符号化处理。同时，使用专业设计软件进行设计，通过线条、色块等手法表现出建筑物的主体特征。

这样的风格给人一种严格、明净和整洁的效果，体现了此插画的现代感，加深了大众的认同感。以面的形式诠释插画的造型内容，简单干净、清晰直观，省略了画面的层次感，不强调前后关系，更为注重的是画面的平面化表现，这样七十二景便有七十二个特色。

后期设计的颜色搭配较为艳丽，这种大面积色块给人一种强大的视觉冲击力，颜色清亮又明快，给人们留下了深刻的印象。这种设计风格在色彩上非常丰富，并且设计醒目，可以更快地找到我们需要的信息。避暑山庄七十二景颜色搭配分为两种色调，暖色调和冷色调。其中暖色调景色有三十四种，冷色调三十八种。根据景致的名称来确定是暖色调或者冷色调，例如南山积雪、青枫绿屿和烟波致爽是冷色调，金莲映日、嘉树轩和乐成阁则是暖色调，以此类推。

设计展示

我们以避暑山庄七十二景数字插画为基础，进行了一系列富有创意的产品研发。其中，冰箱贴作为一款实用又具装饰性的小物件，其设计灵感直接来源于避暑山庄内的地势环境与建筑风格。通过巧妙地结合装饰性元素与建筑特色，并搭配艳丽的色彩，冰箱贴不仅为冰箱增添了一抹亮色，更能带给人们强烈的视觉冲击力，仿佛将避暑山庄的美景尽收眼底。

除了冰箱贴外，还设计了陶瓷摆盘和杯垫等系列产品。这些产品同样以避暑山庄七十二景为创作蓝本，通过细腻的线条和色彩，将避暑山庄的韵味展现得淋漓尽致。陶瓷摆盘以其精美的工艺和独特的图案，成为餐桌上的一道亮丽风景；而杯垫则以其小巧可爱的外形和实用的功能，为人们的日常生活增添了一抹文化气息。

此外，我们特别设计了一款插画式旅游地图。这款地图以插画的形式展现避暑山庄的风貌，包括其丰富的历史文化和旅游文化。与传统地图相比，插画式地图更具趣味性和认同感，更能够贴近公众的需求，让游客在欣赏美景的同时，更加深入地了解避暑山庄。地图在设计过程中，始终关注用户的需求和反馈，不断调整优化设计方案，以确保其能够最大限度地满足游客的多样化需求。

1.冰箱贴的设计

　　冰箱贴设计汲取避暑山庄七十二景之精髓，以插画手法细腻描绘各景点建筑特征与自然风貌，凸显其独特魅力，将结构复杂的建筑转化为平面化的图形符号，不仅深化了避暑山庄建筑的文化意蕴，而且承载了丰富的地域文化与历史信息，成为文化传承与弘扬的载体，能够较好地吸引年轻人的目光。

2.杯垫的设计

杯垫的整体设计采用了清新自然的色调，象征着避暑山庄的宁静与和谐。同时，根据不同景点的特色，适当加入其他色彩进行点缀，使杯垫更加丰富多彩，具有良好的收藏性。

总的来说，对避暑山庄七十二景进行数字插画的设计与应用，其深远意义体现在对传统文化的传承、文化传播的拓宽以及文化创意产业的推动等多个层面。这样的创新性实践，无疑会让更多的人走近避暑山庄，深切感受到中国传统文化的深厚底蕴和无限魅力。

2.3　康熙三十六景文创产品设计研究与实践

—— 设计背景

　　康熙三十六景文创产品设计项目旨在通过深入挖掘避暑山庄的历史文化内涵，结合现代设计理念和时尚元素，打造一系列兼具文化特色和现代气息的文创产品。这不仅能够为避暑山庄的文化建设注入新的动力，提升其知名度，还能够带动相关旅游消费，促进地方经济发展。

　　通过设计研发具有地方特色的文创产品，承德可以进一步凸显其文化个性和特点，增强文化自信。而与现代潮流的结合，则能够让这些文创产品更加贴近当代消费者的审美和需求，从而实现更好的市场效果和传播效应。

—— 设计目标

　　避暑山庄康熙三十六景文创产品设计项目的整体目标是完成一系列避暑山庄主题的文创产品研发，打造属于承德避暑山庄的专属文化品牌。这些文创产品将结合避暑山庄的文化元素和时尚设计，兼具现代性、创新性和实用性，旨在为消费者提供独特而富有文化内涵的产品体验。

　　文创产品的开发和推广能够进一步传播承德避暑山庄的特有文化，打造经典的"山庄印象"，让更多的人了解和喜爱这一宝贵的文化遗产。同时，也希望为承德的文化创意产业发展开辟新的道路，注入新的活力。

—— 设计调研

　　我们通过对避暑山庄景区及外围的文创产品进行调研，将避暑山庄主题文创产品现状总结如下：

　　文创产品种类丰富多样。避暑山庄主题文创产品涵盖了各种类型，包括但不限于纪念品、文具、家居用品、服饰、手工艺品等。这些产品既体现了避暑山庄的历史文化内涵，又结合了现代设计理念，具有一定的艺术性和实用性。

　　设计创意独特。为了吸引消费者，许多文创产品注重设计创意，通过独特的造型、图案或者故事情节，展现了避暑山庄的特色和魅力。一些产品还结合了当代流行元素，增加了时尚感。

销售渠道多样化。避暑山庄主题文创产品通过各种渠道进行销售，包括景区内的商店、线上电商平台、文创市集等。这样的多元化销售模式使得更多的消费者可以方便地购买到自己喜欢的产品。

文化价值凸显。除了商业价值，避暑山庄主题文创产品还承载着文化价值，有助于传承和弘扬避暑山庄的历史文化，提升公众对于避暑山庄的认知和理解。

总的来说，避暑山庄主题文创产品在市场上有一定的知名度和影响力，但也面临着一些挑战和问题。一方面，市场竞争日益激烈，要想在众多的文创产品中脱颖而出，就需要不断创新和提升产品品质。另一方面，消费者对文创产品的需求也在不断变化，他们不仅关注产品的文化内涵和创意性，还注重产品的实用性和性价比。因此，如何准确把握市场需求，开发出既具有文化价值又符合消费者期望的文创产品，是需要深入思考和解决的问题。

—— **设计分析**

整体设计需要结合避暑山庄康熙三十六景的历史背景和建筑特点提炼出具有代表性的文化元素。一是将建筑进行平面化处理，通过提炼建筑的线条和轮廓，创造出简洁而富有特色的图形符号，为后续的文创产品设计奠定基础；二是融入现代元素，使文创产品更加符合当代消费者的审美需求；三是要体现地方特色，以此来增加产品的文化韵味，通过挖掘承德的地域文化和民俗风情，将这些元素与避暑山庄的文化元素相结合，创造出独具地方特色的文创产品；四是与数字技术相结合，增强产品的互动性和体验性。

—— **设计过程**

通过深入研究和广泛搜集避暑山庄康熙三十六景的图文资料，结合网上渠道的多元信息、实地拍摄和搜集详细的史料，我们系统观察了每一栋建筑的造型特点及局部细节特征。研究发现，这些建筑不仅各具风采，而且在建筑风格、园林景观和历史人物等方面蕴含着丰富的文化元素，共同构成了避暑山庄独特的文化遗产。

在详细分析每个建筑的特点后，我们决定采用正面视角来绘制建筑草图，以此作为文创产品设计的基础。首先，通过收集整理相关自然元素，并将其巧妙地融入草图设计中，旨在凸显建筑与自然环境的和谐共生。其次，针对每个景点的建筑特点，进行深入归纳与总结，提炼出最具代表性的建筑元素，以确保文创产品能够准确传达出原建筑的独特魅力。

在文创产品设计中，保留建筑外形的特点，并通过规整统一的线条处理，提炼出一系列具有代表性的文化元素，并将其应用于文创产品设计，这种处理方法不仅有助于提升文创产品的辨识度和市场吸引力，还能够让消费者更加直观地感受到避暑山庄的历史韵味和文化底蕴。

（图片拍摄：陈明）

通过简化提炼的手法，去除冗余细节，保留并强化建筑的主要特征，如房屋的瓦片被简化为线条设计，既体现了原建筑的韵味，又增强了图形的简洁性和辨识度。将自然元素与建筑元素相结合，通过对自然元素的观察、提炼和抽象化处理，将其以简洁的线条和形状融入建筑设计中，运用点、线、面等基本设计元素，通过巧妙的组合和排列，形成具有独特视觉效果的图形。这种设计手法既突出了建筑主体的特征，又赋予了作品以抽象美，丰富了设计元素，使其具有更好的延展性和应用性。

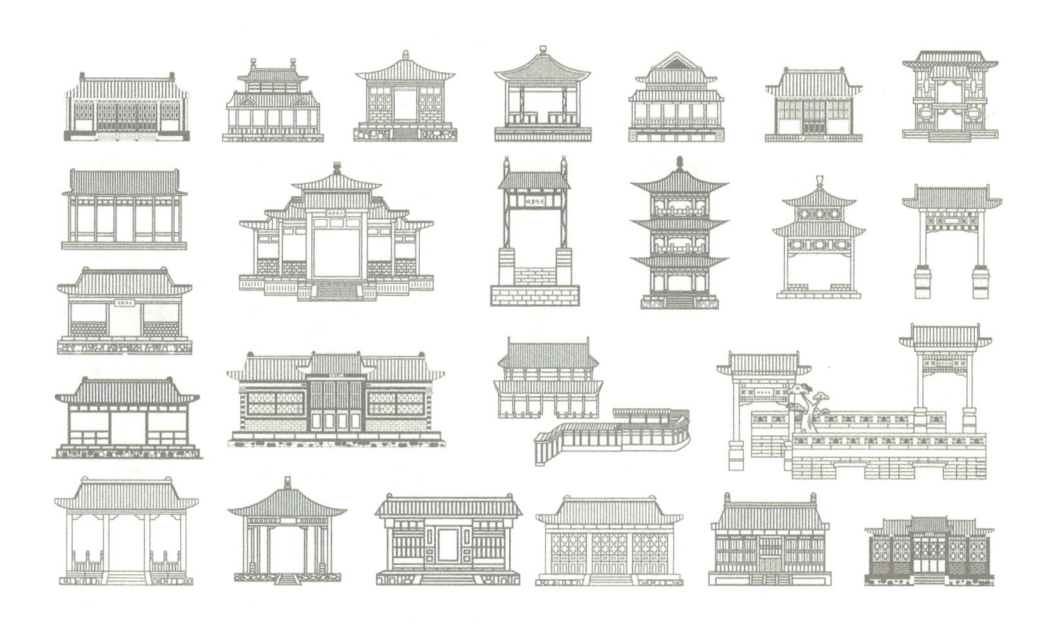

在建筑设计手法的基础上，再结合文化特色设计出相应的自然元素。例如山川、草木、河流、云彩、太阳等元素，把这些元素进行线条创意设计；再结合当地建筑周围环境等元素，加入如树木、白云、点、线、面等遮挡来加强画面层次感。在三十六景的自然元素的设计中，图形样式千变万化，单是云彩的表现手法就有十三种组合方式，山峦的组合方式更是样式奇多，可以做到点、线、面，黑、白、灰的结合，做到每一个组合设计都具有层次感。

在保留原有形态造型的基础上，进行创新设计，往简单化图形元素方向延展，使建筑变成一种简洁的现代语言符号。

通过创意组合设计手法，使整个画面呈现出丰富的层次感和画面感。依照建筑切实的环境氛围来处理画面，黑白灰的加入使画面协调统一。在整体把控上会根据不同建筑主体、不同景点的风景地貌、不同的设计元素进行相对应的设计调整，完善整个画面之间的关系。以避暑山庄康熙三十六景中天宇咸畅为例，第一个方案，只在建筑中加入少许自然元素，画面显得空洞、无层次感。第二个方案，在第一次图稿基础上丰富了画面，有了点线面的融入，但装饰物太过繁琐，抢了建筑的主视觉，层次感不够强烈。第三个方案，整体做减法，调整画面关系，结合景点实际环境来设计，添加前后遮挡关系，加入点线面、注重黑白灰的布局，从而使画面呈现出良好的层次感和设计感，更符合大众的审美需求。

方案一　　　　方案二　　　　方案三

以避暑山庄康熙三十六景为主题进行相对应的产品设计。将前期平面设计成果与产品进行结合，在以建筑元素为主体的基础上融入自然元素设计理念，以创意建筑为主体进行主题书签的研发设计，创意来源于避暑山庄的建筑特色和地貌特征，加入自然元素点缀，突破以往的形式和形状，书签配以康熙皇帝题写的"避暑山庄"与建筑名称，加入前期设计的平面化建筑，和自然元素融合。

在书签材质的选择上，以非洲酸枝木为主要材质，呈现出古色古香的韵味，尽显山庄文化底蕴。现代的插画风格让山庄顺应现代潮流趋势，兼具审美、功能、内涵三个特点。书签还配有相应的流苏，在书签包装上采用多种样式，分别做了礼盒装和分装。礼盒包装上采用精美的烫金工艺，优秀的包装设计能提高商品的附加值。单个与两个装，可做旅游纪念品，具有很好的纪念意义；礼盒装用作礼品赠送，具有很好的收藏价值。

数字文创产品的重要特点之一是能够提供个性化的定制体验。避暑山庄主题书签实现了数字化定制，游客可以根据自己的喜好从数据库中进行元素选择、设计预览等操作，之后按照定制生产，这不仅满足了消费者的个性化需求，还增强了产品的互动性和吸引力。

数字文创产品与品牌设计

除了避暑山庄康熙三十六景的书签设计，我们还做了避暑山庄康熙三十六景主题雨伞设计，第一个方案，主要是以前期建筑为主体，将建筑进行排版设计；第二个方案，将几个景点重新设计组合，形成新的画面格局，进行排列规整；第三个方案，将建筑进行排列，另外还用点线面来丰富画面之间的关系，用多种风格来展现避暑山庄的独特风韵。

方案一

方案二

方案三

通过有序的排列和点线面的运用，丰富了画面的层次感和空间感。雨伞面上，建筑以线条的形式呈现，通过不同的排列组合，形成了一种独特的韵律感。点线面的运用使得画面更加具有动态美感。

数字文创产品与品牌设计

避暑山庄康熙三十六景主题丝巾设计以天宇咸畅为主题，形式感十足，加入现代的插画元素，也融入了避暑山庄的文化特色（清康熙黑漆嵌螺钿书架图案），融汇古今，沟通雅俗，画面丰富。在颜色上采用亮丽的多色搭配，能够满足人们的个性化需求，具有现代化气息，吸引顾客眼球，从而达到促进消费的目的。

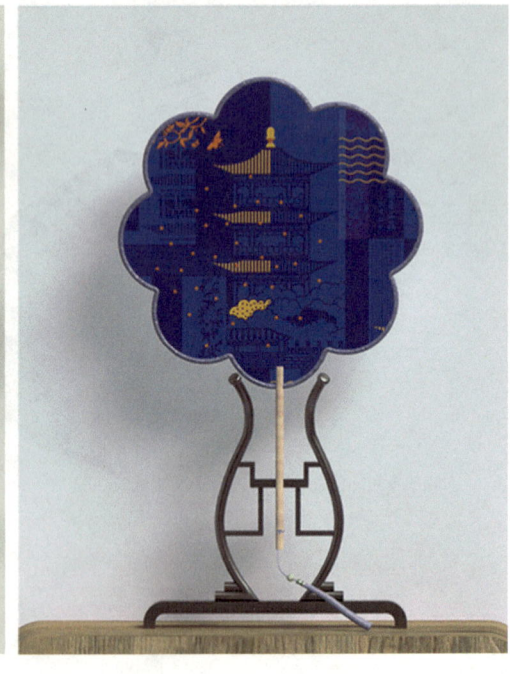

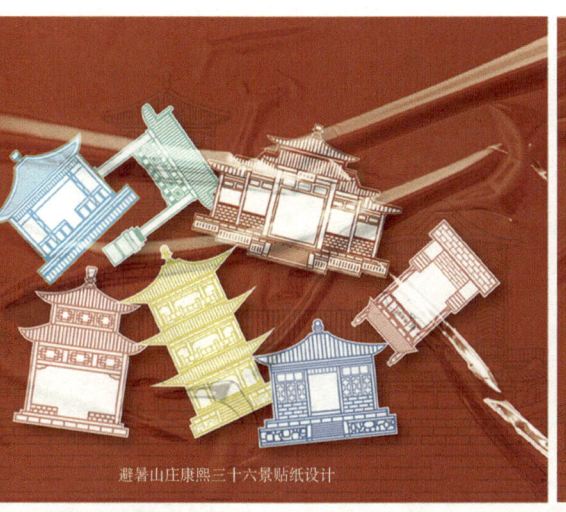

第2章　避暑山庄数字文创产品设计研究与实践

避暑山庄康熙三十六景贴纸设计

泉源石壁　莺啭乔木　芝径云堤　天宇咸畅

远近泉声　水流云在　双湖夹镜

　　避暑山庄康熙三十六景主题贴纸设计采用简洁明快的设计风格，注重线条的流畅与形体的概括。通过提炼景点的核心特征，以简洁的线条和图形进行表现，使贴纸既具有辨识度又易于理解。同时，设计风格保持统一性和协调性，使整套贴纸呈现出一种和谐的整体感。贴纸采用清新自然的色彩，营造出一种宁静、和谐的视觉感受。同时，通过色彩的搭配与运用，使贴纸更具艺术感和时尚感。鼠标垫的设计延续了雨伞设计的风格和元素，呈现出较强的视觉识别性。

数字文创产品与品牌设计

盘子的设计以康熙三十六景为灵感来源，通过提炼每个景点的特色与亮点，将其以简洁而富有创意的形式呈现。

此外，深入挖掘康熙三十六景的文化内涵与自然风貌，通过创意的设计手法，将这一独特的园林艺术转化为具有实用价值和审美价值的衍生品，应用到鞋子、杯垫和隔热垫的设计中，也可以呈现出不同的视觉效果。

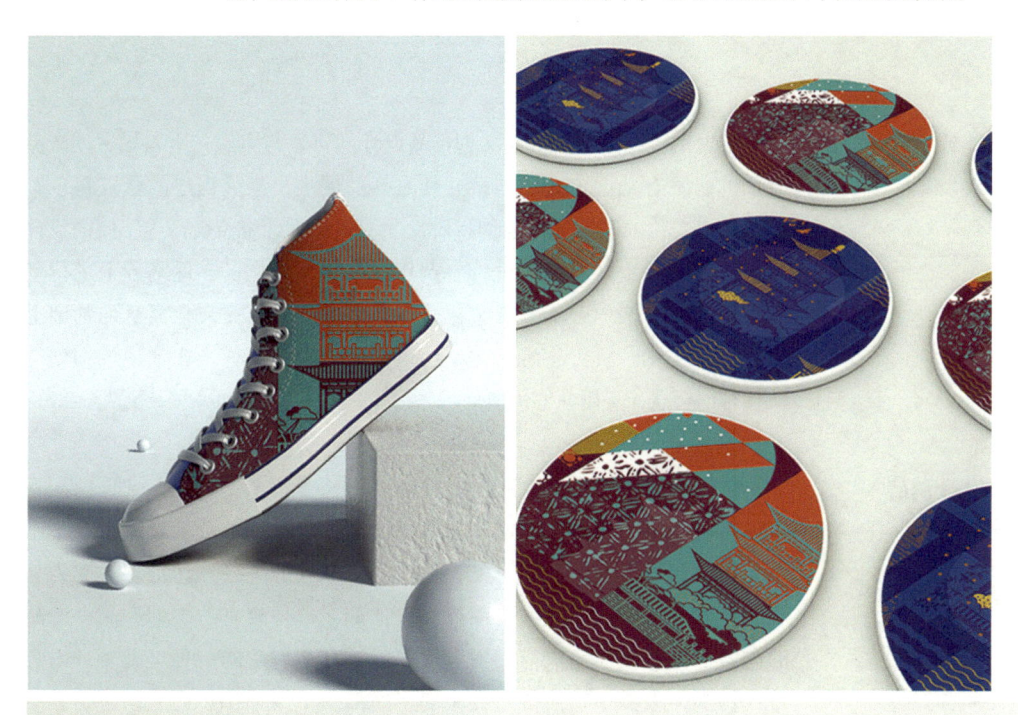

2.4 乾隆三十六景文创产品设计研究与实践

设计背景

避暑山庄乾隆三十六景文创产品设计的研发与康熙三十六景文创产品设计的研发有共性也有不同，共性是都要展现出避暑山庄的景点特色，并在历史文化的基础上进行创新研发。不同的设计定位会产生不同的设计风格，乾隆三十六景整体设计要偏年轻化、时尚化。在此基础上进行创意设计，在延展中融入节气文化，在避暑山庄的历史文化气息的基础上增添传统文化，宣传旅游文化，让更多的人看到避暑山庄，使该文创产品具有创新性、实用性的价值。

设计调研

文创产品是文化发展延续的重要工具，有利于传播地方文化内涵。以故宫文创产品为例，故宫文创产品前期依靠良好的营销策略占领了市场，树立起了良好的品牌形象，吸引了很多人的关注并让很多人成为其忠实粉丝。大多数的地方文创产品设计都在模仿故宫的文创产品，产品的内容层次、整体样式与展现方式都与故宫文创是同一种类型，且内容替代性强，差异小，使得多数文创产品都是千篇一律。通过调研得出结论，在文创产品设计中，要更好地运用避暑山庄乾隆三十六景自身的历史情况和文化内涵，在延展中融入节气文化，将其转变成视觉符号，与创新性相融合，突破文创产品的单一性。

设计分析

避暑山庄乾隆三十六景文创产品设计整体采用线条设计的手法，巧妙地将点、线、面的设计元素灵活运用于整体建筑设计上。这种设计手法不仅凸显了建筑的立体感与空间感，更使得画面呈现出一种流动与活泼的韵律感。

在画面中，除了展现精致的建筑之外，还巧妙地融入了建筑周围的特色风景。远山近水、古树苍松、亭台楼阁，共同构成了一幅幅生动的画面。这些风景元素的加入，不仅丰富了画面的内容，也使得整个画面更加生动活泼，仿佛将人们带入了那个充满历史底蕴与文化气息的时代。

在色彩选择上，多采用明亮的皇家颜色，如金黄、朱红、玉绿等，这些色彩不仅彰显了皇家的尊贵与庄重，也为整个画面增添了一抹亮丽的色彩。所有的建筑虽采用同一配色，但因其所处环境、景观搭配的不同，呈现出不同的风景气息，使得视觉效果更加强烈与鲜明。

每一组的设计图都充分将避暑山庄的特色与建筑相结合，通过线条与色彩的巧妙运用，展现出了乾隆三十六景的独特魅力。同时融入了二十四节气的文化内涵，使得这些文创产品不仅具有深厚的历史底蕴，还充满了浓郁的文化气息。

值得一提的是，结合数字文创产品进行论述，我们可以看到这些文创设计在数字化技术的支持下，呈现出更加丰富的表现形式。通过虚拟现实、增强现实等技术手段，人们可以更加直观地感受到乾隆三十六景的魅力与风采。同时，数字文创产品也为传统文化的传承与发展提供了新的可能性，使得这些珍贵的文化遗产能够在现代社会中得到更好的传承与弘扬。

综上所述，避暑山庄乾隆三十六景文创产品设计通过对线条与色彩的巧妙运用，以及与数字技术的结合，充分展现了其文化性与时代性。这些文创产品不仅具有较高的艺术价值，也为传统文化的传承与发展注入了新的活力。

—— **设计过程**

首先搜集关于避暑山庄的相关资料，了解避暑山庄的历史背景，查找避暑山庄的标志性图案，了解避暑山庄的发展变化，以及参考避暑山庄多个角度的图片，进行简单的构思创意。

其次以线条勾勒的表现形式进行绘制。结合避暑山庄的建筑特点，如四季以及周围的环境元素，提取出避暑山庄自身的文化特色元素，整理出有创新创意的资料素材，融入二十四节气的气候变化，收集元素，然后进行创意绘制。绘制出不一样风格的线描形式的避暑山庄乾隆三十六景，使画面里的建筑姿态更加自然宏伟，使画面更加活跃生动，最终以书签的形式呈现出来。如知鱼矶，它的名字取自"子非鱼，安知鱼之乐"的故事，因为临芳墅的环境好，便临湖建造了知鱼矶，观鱼赏景。于是设计在背景画面中便融入了鱼的元素。

最后是色彩设计。色彩在文创产品设计中的作用不容小觑，优秀的色彩设计能够起到锦上添花的作用。运用一个色系填充出不同节气的建筑风格，在每个建筑的背景元素里面融入了每个节气的标志性代表，展现出不同季节避暑山庄不同的美景，形成文化与风貌并存的产品特色。例如金山亭本身的建筑比较复杂，在设计上将复杂的图形简洁化，屋顶用简单的轮框和线组成，在颜色上选用双色来体现屋顶的复杂，走廊的屋顶运用纯色，可以更好地突出主体建筑。同时把周围植物进行创意设计，以点线面的方式表现出来并与整体的建筑进行组合。在颜色上都选用皇家的建筑颜色，使整个画面更生动明亮，使其既有历史内涵又富有现代文化气息。再将建筑主体设计和元素符号进行组合排列、创新结合，设计图的主体使用建筑设计，之后与环境元素进行融合，最后通过创意组合设计手法使用线条进行组合，整个画面呈现出共同性，也通过创意组合变得更有趣味性。

（插图绘制：王金辉）

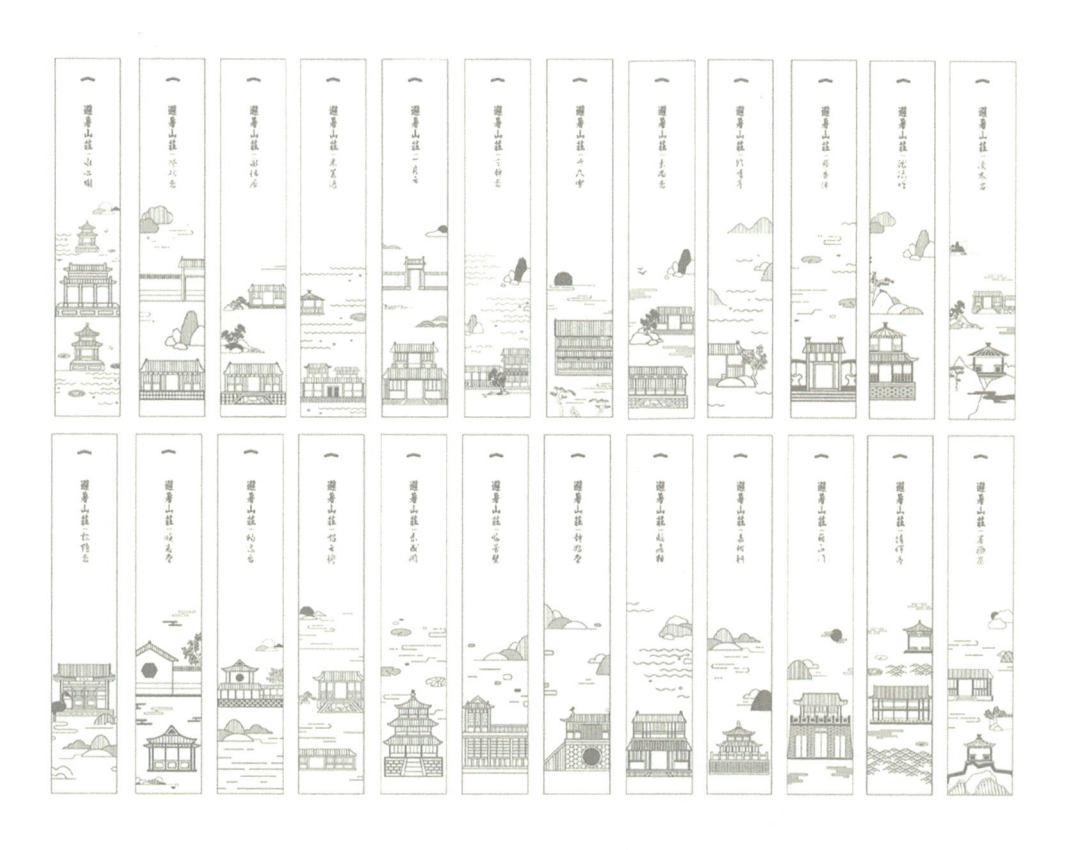

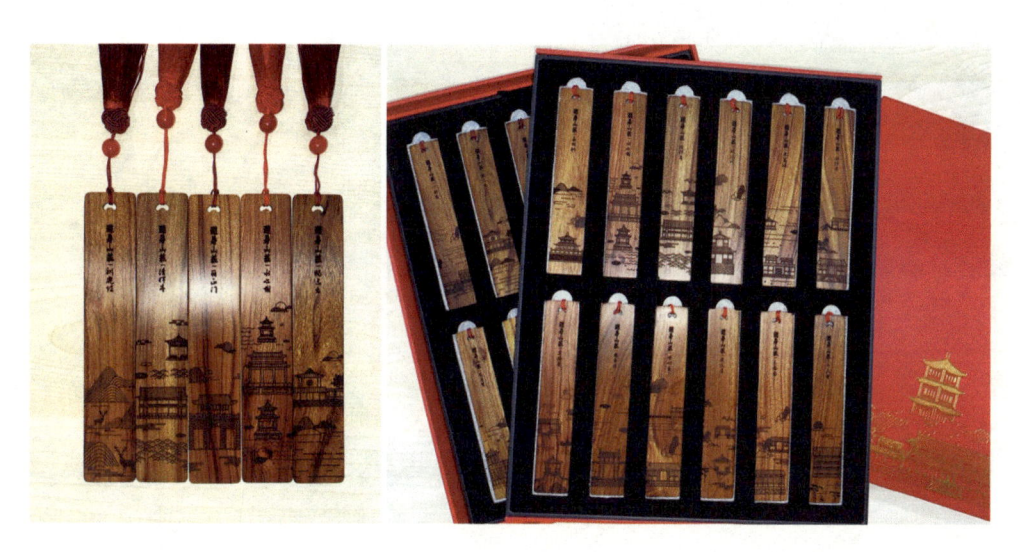

第2章　避暑山庄数字文创产品设计研究与实践

二十四节气作为中华民族千年文明的瑰宝，不仅描绘了四季轮回的具象画面，更承载了人们对美好生活的无限憧憬。这一深邃而独特的文化现象，在避暑山庄文创产品设计中得到了巧妙的融入与展现。

避暑山庄作为历史的见证与文化的载体，其特色与二十四节气这一古老智慧的结合，为文创产品设计注入了新的活力与创意。例如，在丽正门与秋分节气的融合设计中，运用简洁而流畅的线条勾勒出丽正门的建筑轮廓，赋予了其古朴典雅的韵味。同时，以皇家的庄重色彩为基调，凸显丽正门深厚的历史底蕴与丰富的文化内涵。在秋分时节，丹桂飘香，红叶满山，成为秋天的独特景致。枫叶作为背景元素，将秋日的绚烂与静美巧妙地融入画面之中，将秋天的韵味与丽正门的庄重完美地结合在一起，为整幅画面增添了生动与活力。

第 2 章　避暑山庄数字文创产品设计研究与实践

通过这样的设计，不仅展现了避暑山庄的独特魅力，更让人们在欣赏中感受到了二十四节气的深厚文化内涵与美好愿景；既富有创意，又充满了文化的温度，让人们在品味中领略到了中华优秀传统文化的博大精深。

设计展示

钥匙扣采用金属材质，表面雕刻有康熙皇帝书写的避暑山庄牌匾，结合避暑山庄代表性景点丽正门、水心榭、烟雨楼等，图案线条简洁明快，色彩采用皇家金色，彰显尊贵气质。钥匙扣下方可加入小巧的二十四节气吊坠，如"冬至——雪覆避暑山庄"，让每一次开锁都充满文化韵味。

丝巾采用高质量丝绸材质，图案与避暑山庄的美景金山亭相结合，色彩高雅，展现出浓厚的文化底蕴与艺术美感。丝巾不仅可用于日常佩戴，还可作为礼品赠送，让文化之美传播得更远。

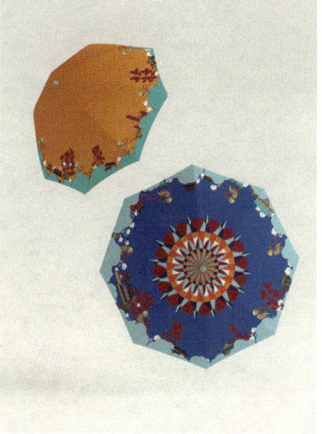

油纸伞设计的目标用户是儿童，伞面绘制有避暑山庄的美景与节气元素，色彩活泼大方，采用万花筒形式的设计，以传统制伞工艺进行生产制作，具有良好的实用性和观赏性。

手机壳采用环保材质，图案以避暑山庄的代表性建筑为主，色彩鲜艳活泼，既保护手机又彰显个性。同时，支持个性化定制，游客可根据自己的喜好选择图案与文字，增强互动性与体验感。

夏至

秋分

大雪

谷雨

第2章　避暑山庄数字文创产品设计研究与实践

抱枕图案应用设计　　　　　滑板图案应用设计

团扇设计

以传承与创新为魂，推出系列乾隆三十六景文创衍生品。抱枕温馨融入美景，拥抱温暖，感受山庄宁静；滑板融入传统与现代，色彩鲜艳，图案独特，运动休闲中展现个性；团扇轻盈飘逸，细节精致，纳凉之余，更添艺术气息。这些衍生品既实用又富含文化底蕴，传承与创新相得益彰。

051

2.5 避暑山庄IP形象设计研究与实践

设计背景

避暑山庄汇聚了众多宫殿,并巧妙地融合了森林、湖泊与牧场,其广阔的占地面积不仅赋予了它极高的美学研究价值,而且在文化和经济的持续发展推动下,对当地旅游业的繁荣也起到了积极的促进作用。然而,相较于同类景区,避暑山庄在文化传承和价值挖掘方面显得较为薄弱,这与其显赫的历史地位并不相称。

承德避暑山庄作为国家5A级旅游景区,拥有巨大的市场影响力和公信力。因此,文化与旅游的深度融合不仅有助于传统文化的弘扬,也是推动旅游业发展的必然趋势。文旅IP形象作为一种有效的传播工具,能够直观地展现旅游地的物质与精神内涵,迅速传递给游客。

本书旨在发掘并塑造能够代表其独特形象的IP,进而构建一套具有避暑山庄特色的IP形象体系,进一步增强其在旅游市场中的竞争力,实现文化与旅游的深度融合与发展。

设计调研

首先,针对博物馆文创产品进行了深入研究,特别关注了写实类文创和以IP形象为载体的文创设计。

通过详尽的调研,发现博物馆写实类文创产品虽然销售量颇为可观,但这类产品往往投入成本较高,并且在趣味性方面略显不足。相较之下,以特定IP形象为载体的文创设计展现出了独特的魅力。

以故宫猫为例,这一IP形象不仅富有创意,还承载着深厚的文化内涵。故宫内实际生活着200多只野猫,每一只都有自己的名字,这一细节极大地丰富了故宫的文化生态。故宫还为这些猫设计了系列文创作品,这些作品不仅具有高度的历史价值和文化价值,还兼具收藏价值和经济价值。因此,这一系列以故宫猫为IP的文创产品销售异常火爆,深受大众喜爱。通过对比博物馆写实类文创和以IP形象为载体的文创设计,我们发现后者在提升游客体验、传承历史文化以及创造经济价值等方面具有显著优势。而故宫猫这一IP形象的成功,无疑为避暑山庄IP形象设计提供了宝贵的借鉴。

—— 设计分析

　　一个成功的IP形象不仅能塑造出鲜明的品牌形象，为旅游景区带来巨大的经济效益，同时也是景区文化价值的重要体现。然而，在IP形象日益受到重视的同时，也浮现出一些问题亟待解决。

　　IP形象的辨识度有待提高。一个优秀的IP形象应具备高度的识别性，以吸引公众注意，引发话题和关注，进而有效传达品牌理念和产品价值。目前，许多旅游景区的IP形象原型往往选自当地知名的小动物，虽然这些形象可爱且与景区关联紧密，但普遍存在辨识度不高、视觉风格雷同的问题，甚至存在抄袭现象。

　　IP形象与游客的互动性亟待加强。尽管许多景区已经打造了IP形象，但在景区内部，这些IP形象与游客的互动性仍然不足。景区应更好地利用IP形象，将其与旅游景区和游客紧密结合，提升游客的参与感和归属感。

　　IP形象的延展性和后续管理同样需要关注。IP形象不仅仅是一个简单的图形符号，更应被赋予深厚的文化内涵。这些形象可以结合时代潮流进行更新创造，如更换服饰、动作和表情等，以保持其活力和吸引力。因此，一个成功的IP形象不仅应具备完整的视觉形象系统，还应根据时代变化进行持续的更新和管理。

　　综上所述，针对避暑山庄的IP形象设计，应注重提高形象的辨识度、增强与游客的互动性，并加强形象的延展性和后续管理。通过这些措施，我们可以打造一个独特且富有吸引力的避暑山庄IP形象。

—— 设计定位

　　从设计定位的角度出发，对避暑山庄IP形象设计进行了全面创新，主要体现在以下四个方面：情感定位、故事原型构建、角色定位深化以及符号原型设计。

　　情感定位：为了打造受欢迎的IP形象，首先对避暑山庄的文化价值进行了深入研究，并据此为IP形象设定了清晰的情感定位。这一步骤至关重要，因为它有助于建立人与IP之间的情感联系。例如，希望人们在看到该IP时，能够感受到一种亲切与温馨，如同看到故宫猫时所体会到的"蠢萌"。

　　故事原型构建：一个具有辨识度和传播力的IP形象，必须建立在丰富的故事情境之上。避暑山庄松树林中生活着大量的松鼠，且经常被本地市民及游客投喂，具备良好的开发基础，因此，我们为小松鼠设计了一系列在避暑山庄内的生活场景，通过这些有趣且引人入胜的故事情节，将避暑山庄与IP形象紧密结合，从而激发观众的购买欲望。

角色定位深化：在角色定位方面，为IP形象赋予了人的情感，还通过不断地探索和研究，使其成为一个立体、鲜活的角色。我们深知，一个成功的IP并非仅仅依赖于内容本身，更在于内容中的角色能否成为超级IP，如《哆啦A梦》中的主角那样深入人心。因此，将小松鼠塑造成一个具有超强吸引力的角色成为我们的首要任务。

符号原型设计：为了让IP形象更易于识别和传播，对其进行了符号化处理。通过提炼避暑山庄内松鼠的独特特征，如黑色、圆滚滚的体型、显眼的大板牙以及毛茸茸的尾巴等，为避暑山庄IP形象打造一个具有高度辨识度的符号系统。

（图片拍摄：于夏冰）

设计过程

避暑山庄IP形象设计旨在通过独特的设计手法，充分展现避暑山庄深厚的文化底蕴。在前期调研中，深入了解了避暑山庄内的代表性动物。其中，梅花鹿和松鼠是两种最具特色的动物。梅花鹿多在清晨和黄昏活动，白天则栖息于温暖之地，它们群居的生活方式为景区增添了不少野趣。而避暑山庄内的松鼠，以黑色为主，与人的互动最多，受到游客和市民的喜爱与喂养，这些松鼠乖巧活泼，形象深入人心，同时与故宫的猫有了很好的对应性，具有良好的开发潜力。

经过综合考虑，最终选定以小松鼠为原型进行避暑山庄IP形象设计。相较于之前尝试的梅花鹿形象，小松鼠更能体现避暑山庄的灵动与生机。我们相信，这一IP形象将成功吸引更多游客的目光，进一步推动避暑山庄的文化传播与旅游发展。

1.IP形象风格设计

避暑山庄的IP形象设计以呆萌的小松鼠为核心,通过对其形象与服饰的精心设计,旨在创造一个既可爱又能引发游客情感共鸣的吉祥物。小松鼠作为避暑山庄的代表性动物,其形象经过"萌化"处理后,更容易吸引游客目光,增强游客与景区的情感联系。

在设计过程中,注重对小松鼠五官的刻画。通过放大其面部特征,采用拟人化和夸张化的手法,塑造出一个胖乎乎、可爱至极的小松鼠形象。其眼睛被设计成圆形和椭圆形,黝黑明亮,透露出一种无辜和可爱的气质,这不仅符合松鼠的自然形象,也巧妙地区分了雄性松鼠和雌性松鼠。同时,我们将松鼠的耳朵设计成三角形,耳轮略尖但又不失圆润,与小松鼠的整体形象相得益彰。

在服饰设计上,选择了清朝满族皇帝和皇后的服饰元素。在保留龙袍和凤袍原有特点的基础上进行了简化处理,如皇帝形象的服饰上装饰有龙纹,而皇后形象的服饰则设计了一串佛珠以及独特的朝冠,以此区分两只小松鼠的性别和身份。这种设计不仅赋予了小松鼠IP形象以清朝文化的底蕴,也使其更具文化特色和历史感。

在色彩选择上,打破了传统的黄色松鼠形象,采用黑色来表现松鼠的身体部分,并搭配黄色的服饰。这种黑黄相间的配色方案不仅刺激了视觉感受,还为小松鼠的形象增添了活力。同时,我们也放大了小松鼠的头部比例,并绘制了肥大而蓬松的尾巴,使其更加符合小松鼠本身的形象特点,也增添了更多的可爱元素。

2.角色设计

角色设计是IP形象设计的核心组成部分，它贯穿于整个视觉设计的始终。一个具有鲜明特征和独特风格的角色外形，是IP形象能够触动人心的基石。为了塑造出这样的角色，我们必须为其注入丰富的故事背景、明确的价值观、人性化的性格特质，以及深厚的文化底蕴和引人入胜的人物故事。只有如此，IP形象的角色才能栩栩如生，各具魅力。

基于承德避暑山庄的文化底蕴，将避暑山庄IP形象的主要角色设定为皇上和皇后的形象。为了实现这一目标，我们深入观察了小松鼠的动作与表情，精准提炼出其外形特征，并在保留这些特点的基础上对其形象进行了简化处理。随后，我们结合清朝时期的人物特点，设计了一系列形象，包括皇上、皇后、格格、阿哥、臣子、士兵等。通过衣着、装饰、环境以及表情动作等元素的差异化设计，为每个角色赋予了独特的性格特征，并构建了小松鼠在避暑山庄的生活场景。这样的设计不仅丰富了IP形象的角色内涵，也提升了其整体的艺术表现力和吸引力。

3.动作设计

在避暑山庄IP形象设计的进程中,我们为两只小松鼠赋予不同的动作与表情。通过巧妙地结合肢体动态和面部表情,旨在赋予避暑山庄IP形象更强烈的生命力,进而触动公众的情感,使小松鼠的形象更为生动且深入人心,易于被大众接纳与喜爱。

在设计避暑山庄IP形象的动作时,我们深入探索并分析了避暑山庄旅游景区的艺术文化。精心选择了景区内具有代表性的建筑元素,并巧妙地融合了古代人物与现代物品,将小松鼠的形象与游客在旅游中的常见活动,如拍照、驾车游览、参观景点等相结合,这样的设计旨在营造一种和谐愉快的氛围,增强小松鼠形象在避暑山庄景区中的真实感和生活气息。同时,为不同的角色设计了各异的动作,以强化它们与避暑山庄旅游景区的紧密联系,从而使小松鼠与这片历史悠久的景区更加密不可分。

4.表情设计

在避暑山庄IP形象的动作设计基本定型之后,我们进一步对其表情进行了精细化设计。表情作为传递情感的主要方式,对于IP形象而言同样至关重要。因此,我们为避暑山庄IP形象——小松鼠赋予了人类的丰富表情,使其能够像人一样展现出喜怒哀乐。

在表情设计过程中,我们为小松鼠创作了一系列生动的表情,包括痛哭流涕、开怀大笑、惊吓、可怜等,以便在不同场景中灵活应用,并为后期的拓展应用提供便利。

首先，绘制了"开心""伤心""哭泣"等基础表情。随后，结合真实的生活场景和避暑山庄IP形象的人格情感设定，设计出了一系列与之相匹配的表情。此外，为了提升小松鼠形象的趣味性和现代感，还巧妙地将一些网络流行的表情元素，如"可怜""无语""惊吓"等，融入其表情设计中。这些设计不仅丰富了避暑山庄IP形象的人格特质，还使其更加生动有趣，易于被观众接受和喜爱。

5.场景设计

IP形象的呈现需要使其置身于特定的场景中,以增强其视觉体验感和景区的文化氛围。通过精心设计的场景,受众能更深入地认知和感受IP形象。在IP场景设计中,我们运用插画手法,生动描绘了小松鼠在避暑山庄的有趣生活,营造了小松鼠在该景区内真实生活的氛围。因此,在场景设计部分,我们精心绘制了小松鼠骑车、跳绳、浇花、钓鱼等一系列生活化的场景,以丰富IP形象的展示并加深受众的情感共鸣。

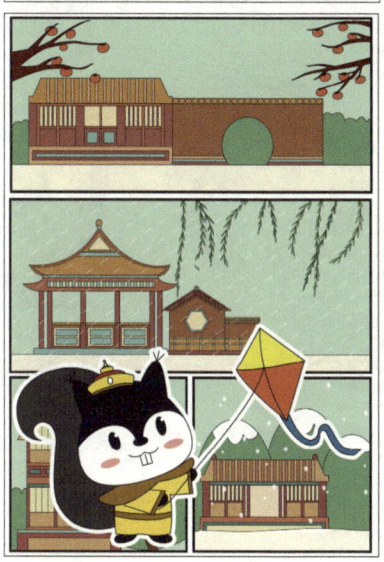

数字文创产品与品牌设计

设计展示

避暑山庄IP形象周边衍生品设计围绕其独特的文化和历史背景进行，同时结合现代审美和实用性，打造出一系列富有创意和吸引力的产品。设计以避暑山庄IP形象为主题的系列产品，如笔记本、文具盒、书签等，这些产品不仅实用，还能让人们在日常使用中感受到避暑山庄的文化魅力。

060

这些衍生品不仅具有实用功能，更承载着避暑山庄的文化价值。它们将传统与现代完美融合，让人们在享受现代生活的同时，也能感受到传统文化的独特魅力。

数字文创产品与品牌设计

（插图绘制：曹康婧）

热河三十六景诗·其六·万壑松风

清·玄烨

偃盖龙鳞万壑青，逶迤芳甸杂云汀。
白华朱萼勉人事，爱敬南陔乐正经。

第3章
地域文化在品牌形象与包装设计中的应用研究

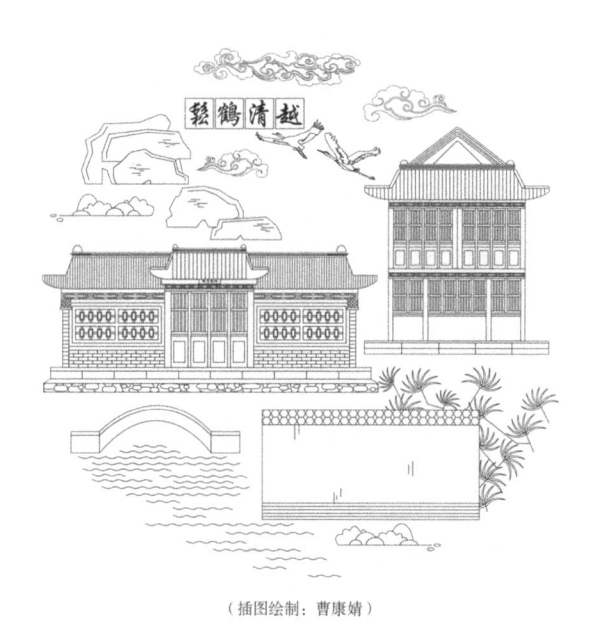

(插图绘制：曹康婧)

3.1 地域文化的定义及其特点

地域文化的定义　　地域文化是指在特定地理区域内经过长期历史演变而形成的独特文化现象。它涵盖了该区域特有的历史遗存、文化形态、社会习俗以及生产生活方式等元素。这种文化的形成是地域内多种文化因素综合作用的结果，受到各种社会力量的共同推动。地域文化的范围广泛，包括语言、习俗、宗教、建筑风格、服饰、食品等传统元素和现代文化的多种元素。这些元素的融合与发展，塑造了各具特色的历史文化背景，使得不同地域的文化展现出鲜明的个性。地域文化不仅深刻反映了区域内人们的认知、情感和追求，还在潜移默化中影响着人们的行为模式和价值观念。

地域文化的特点　　1.地域性

地域文化最显著的特点就是其地域性。由于不同地域的自然环境、资源物产、生活方式与习惯以及社会结构和发展水平等存在显著差异，因此形成了各具特色的地域文化。这种地域性不仅体现在物质文化遗产上，如建筑、服饰、艺术作品等，还体现在非物质文化方面，如价值观、生活习惯和制度等，它承载了地方的历史和传统，通过代代相传的方式得到传承和发展。

2.多样性

多样性体现在其包含的各种文化元素和文化特征上。每个区域都有其独特的文化传统、艺术形式、节庆活动等，这些元素共同构成了丰富多彩的地域文化。

3.独特性

每个区域的文化都打上了该地域和时代的烙印，具有鲜明的个性。

4.连接性

地域文化的独特性不是孤立存在的。不同的地域文化之间不断进行着交流、融合与相互影响，也不断吸收和借鉴其他文化的优秀元素，展现出多样的人文景观、艺术形式、民俗习惯等，促进了不同地域间的文化交流和相互影响。

5.发展性

地域文化是在历史发展过程中代代相传的，具有深厚的历史性。同时，它们随着社会经济的发展和时代的变迁而不断演变和发展，使得地域文化既能够保持其传统魅力，又能够不断地发展和进化，促进了地域间文化的互鉴。

因此，地域文化的上述特点使其成为一个地域的独特的文化符号，对社会发展、文化传承和可持续发展起着重要作用。

承德地域文化的特点

1.地域性

承德地域文化的地域性，来源于独特的地理环境和自然条件。承德位于燕山脚下，山清水秀，作为清朝皇家的避暑和处理政务的场所，承德的历史发展也与众不同，形成了独具特色的皇家文化与地方文化相结合的地域文化。

2.多样性

承德地域文化的多样性在于其丰富多彩的文化元素和特征。建立避暑山庄的主要目的之一是团结少数民族以稳定边疆，承德作为多民族聚居地，融合了汉族、满族、蒙古族等多个民族的文化特色，因此形成了多样的地域文化。

3.独特性

承德地域文化的独特性主要体现在皇家文化和地方文化的深度融合上。作为清朝皇家的避暑和处理政务的场所，承德承载着丰富的皇家历史文化底蕴。避暑山庄作为皇家园林的代表，其建筑风格、园林景观以及历史文化内涵都具有鲜明的皇家特色。

4.连接性

承德地域文化的连接性表现在不同文化之间的交流与相互影响上。这种交流与融合不仅体现在物质文化层面，如建筑风格、手工艺品等，更体现在非物质文化层面，承德地区普通话的普及程度较高，特别是滦平县为普通话标准音采集地。承德地区先有"北京官话"，后建设避暑山庄，"北京官话"就是普通话的前身，反映了历史上的文化交流。同时，承德地区还保留了许多满族、蒙古族等少数民族的语言文字和风俗习惯，这些文化在不断渗透与融合中形成了承德独特的地域文化。

5.发展性

承德地域文化的发展性体现在对传统文化的尊崇与传承以及对新文化元素的吸纳与创新上。承德地区拥有丰富的历史文化遗产和民间艺术资源，这些资源在代代相传中得到了有效的保护和传承。

3.2 品牌形象设计、包装设计与地域文化的关联

品牌形象设计、包装设计与地域文化之间的联系是深入而多维的。品牌形象、产品包装承载着企业文化、产品特性和市场定位等诸多信息。而地域文化，则是一个地区在长期历史沉淀中形成的独特文化印记，它影响着该地区人们的生活方式、价值观念和社会行为。这两者之间的相互作用，不仅塑造了品牌形象的独特性，也为品牌的市场推广和文化传播提供了丰富的素材和灵感，在品牌形象中，文化常常以抽象的形式体现，而在包装设计中则相反，多以具象的形式来使用。

品牌形象和包装的设计深受地域文化的影响。每个地区都有其独特的文化符号和视觉元素，这些元素往往成为品牌形象和包装设计的重要灵感来源，同时也是推动品牌形象和包装设计差异化的关键因素。例如，在江浙地区，品牌形象和包装设计中都可能会融入水墨画、园林等元素，以体现其温婉细腻的文化特色，杭州城市标志设计就是典型代表。标志以汉字"杭"的篆书演变而来，深蕴中国传统文化，融合了航船、城郭、古典建筑、优雅园林以及古朴拱桥等多重元素。"杭"在古代便意为"方舟"或"船"，并与"航"相通，这一字义背后蕴含着杭州得名的历史渊源——"大禹舍舟登船"的故事。这不仅凸显了杭州作为历史文化名城的厚重底蕴，同时也象征着这座城市如今正如扬帆起航的巨轮，充满了积极前行、奋发向上的精神。标志采纳了江南古典建筑中独特的翘角屋顶与圆拱门的元素，彰显了江南地区独有的风情。而标志的右半部，则巧妙地蕴含了杭州的名胜"三潭印月"，这一设计无疑进一步强化了杭州的地域文化特色。

品牌形象在传播过程中也需要与地域文化相契合，创建情感联系。消费者对品牌形象的接受度和认同感会因为不同的地域文化背景而产生差异。因此，企业在推广品牌形象和进行产品包装设计时，必须充分考虑当地的文化特点和消费者的心理需求，以确保品牌形象和包装设计能够与当地文化产生共鸣，建立消费者与品牌形象、产品包装之间的情感共鸣，进而形成情感认同。

品牌形象与地域文化的关联性还体现在品牌的市场定位和目标受众上。企业在确定市场定位和目标受众时，需要充分考虑当地的文化背景

和消费习惯。同时，企业还可以根据当地消费者的年龄、性别、职业等特征，对品牌形象进行微调，以更好地契合目标受众的审美和价值取向。

综上所述，品牌形象设计、产品包装设计与地域文化之间存在着多种多样的联系。这种联系不仅体现在品牌形象的定位、设计和塑造上，还在品牌传播、市场定位等诸多层面发挥着不可或缺的作用。随着社会的发展和文化的演变，品牌形象也需要不断地进行创新和调整，以适应不断更新的市场环境和消费者需求。这就要求企业在塑造品牌形象和设计产品包装时，要保持对传统文化的尊重和传承，深入挖掘地域文化的丰富资源，将这些独特的文化元素融入品牌形象和产品包装中，使之既具有鲜明的文化特色，又能唤起消费者的文化共鸣；同时秉持创新精神，打破常规，以创新的视角重新审视传统文化，为品牌形象注入新的活力和内涵。因此，企业在打造品牌形象和设计产品包装时，应充分考虑地域文化因素，将地域文化融入设计中，打造出独具魅力的品牌形象和产品包装。

《滦小米包装设计》 创意总监：甄永亮 设计执行：于夏冰

3.3 承德地域文化在品牌形象设计中的应用策略

应用原则

1.尊重历史与文化真实性

在品牌形象设计中应用承德地域文化元素时，首先要尊重历史与文化的真实性。设计师应深入了解承德文化的历史背景、内涵和特点，确保所选用的文化元素能够准确反映承德文化的精髓。同时，要避免对历史文化的歪曲和误解，以免损害品牌形象的文化价值和市场信誉。

2.突出品牌特色与个性

品牌形象设计的核心目的是塑造独特的品牌特色与个性。在应用承德地域文化元素时，设计师应结合品牌定位和市场需求，巧妙地将文化元素融入品牌形象中，以突出品牌的独特性和差异化。例如，可以运用承德皇家园林的建筑元素来塑造品牌的高端、典雅形象，或者借鉴满族风情中的图案和色彩来打造品牌的民族特色。

3.注重形式与内容的统一

在品牌形象设计中，形式与内容应相辅相成、和谐统一。承德地域文化元素的应用不仅要注重形式上的美观和创意，更要关注内容与品牌理念的契合度。设计师应通过深入挖掘承德文化的内涵，找到与品牌理念相契合的文化元素，实现形式与内容的完美结合，从而提升品牌形象的整体效果。

4.保持创新与时代感

在应用承德地域文化元素进行品牌形象设计时，既要尊重传统文化，又要保持创新与时代感。设计师应结合现代审美观念和市场趋势，对传统文化元素进行再创造和现代化改造，使其更符合当代消费者的审美需求。同时，要关注新兴文化元素的发展动态，及时将其纳入品牌形象设计中，以增强品牌的时代感和吸引力。

承德地域文化元素在品牌形象设计中的应用具有广阔的前景和深远的意义。通过遵循尊重历史与文化真实性、突出品牌特色与个性、注重形式与内容的统一、保持创新与时代感以及注重可持续发展与环保理念等应用原则，打造出独具特色且富有文化内涵的品牌形象，从而提升承德企业品牌的市场竞争力和社会影响力，为传承和发展承德文化贡献力量。

―― 应用策略

1.挖掘地域文化资源，丰富品牌形象设计内涵

承德深厚的文化底蕴和独特的地理位置，为品牌形象设计提供了无尽的灵感来源。

①承德地域文化的深厚底蕴

承德的避暑山庄、普宁寺、金山岭长城、磬锤峰国家森林公园等地标性建筑和自然景观，都是承德文化的缩影。这些文化遗产不仅为承德带来了独特的文化魅力，还为其品牌形象设计提供了宝贵的素材。如避暑山庄独特的皇家园林风格，融合了山水、花木、建筑等多种元素，是品牌形象设计的灵感之源。设计师可以从中汲取灵感，将皇家园林的典雅与现代的设计理念相结合，创造出既古典又现代的品牌形象。

②承德非遗与品牌形象设计的融合

承德不仅有着丰富的物质文化遗产，还有着众多的非物质文化遗产。丰宁剪纸、滕氏布糊画、滦平泥塑等多种形式的民间艺术，不仅代表了承德地区传统文化的精髓，更展示了承德人民独特的创造力和审美观念。在品牌形象设计中，融入承德的非遗元素，不仅可以增加品牌的文化内涵，还可以使品牌更具特色和个性。例如，在品牌标志设计中，可以巧妙地运用承德剪纸的艺术手法，通过线条的流畅与变化，展现出品牌的独特魅力。

③承德美食与品牌形象设计的结合

承德的美食文化也是其地域文化的重要组成部分。丰宁烤羊、平泉羊汤等特色美食，都是承德饮食文化的代表。如在适合的农产品品牌形象设计中，通过创意的手法，将承德的美食特色与品牌形象相结合，不仅可以增加品牌的趣味性，还可以使品牌更加贴近消费者的生活。

④承德自然景观与品牌形象设计的呼应

承德的自然景观也是其独特的文化资源之一。磬锤峰国家森林公园的奇峰异石、茂密的森林以及清澈的溪流，都是承德自然景观的瑰宝。这些自然景观不仅为承德带来了独特的生态魅力，还为其品牌形象设计提供了无尽的创意灵感。由此品牌形象设计多从承德的自然景观中汲取灵感，将自然的元素与品牌的设计相结合。例如，在承德双滦经济开发区的标志设计中融入了双塔山的形象，使标志的记忆性更加地突出。

综上所述，承德丰富的地域文化资源为品牌形象设计提供了无尽的灵

感来源。设计师可以从承德的皇家园林、非遗项目、方言文化、美食文化以及自然景观等多个方面挖掘创意元素，打造出既具有地域特色又符合现代审美观念的品牌形象。

2.结合地域文化特色，打造独特品牌形象

①承德文化的独特魅力

承德的自然景观与人文遗址，不仅为承德的文化旅游产业提供了坚实的基础，同时也为品牌形象设计提供了丰富的素材和灵感来源。皇家文化与地方文化的交融碰撞，形成了一种独特的文化氛围。这种文化氛围既包含了皇家的尊贵与典雅，又体现了地方的朴实与真挚。品牌设计师可以深入挖掘这种文化氛围的内涵，将其融入品牌形象设计中，从而打造出独一无二的品牌个性。

②结合承德文化，打造独特品牌形象

避暑山庄作为承德的文化代表性标志之一，其独特的皇家园林风格是品牌形象设计的绝佳素材。设计师可以巧妙地将皇家园林的典雅、精致与现代设计理念相结合，创造出既具有古典韵味又不失现代感的品牌形象。例如，在品牌标志设计中，可以运用皇家园林中的亭台楼阁、石桥小径等元素，通过抽象和简化的手法，形成具有辨识度的品牌符号。

③借鉴承德民间艺术

承德剪纸、承德木雕等民间艺术是承德文化的瑰宝。这些艺术形式以其独特的造型和精湛的技艺而著称，为品牌形象设计提供了丰富的视觉元素。设计师可以从这些民间艺术中汲取灵感，将其独特的艺术风格和表现手法融入品牌形象设计中。比如，在品牌包装设计中，可以运用承德剪纸的图案和色彩，打造出别具一格的包装风格，提升产品的文化内涵和附加值。

④发挥承德方言特色

承德方言作为地域文化的重要组成部分，具有独特的韵味和表达方式。在品牌形象设计中，巧妙地运用承德方言的元素，可以增加品牌的趣味性和亲和力。设计师可以在品牌广告语或宣传文案中融入承德方言的词汇或表达方式，让消费者在感受到地域文化的同时，也能对品牌产生更深的情感共鸣。

⑤展现承德美食魅力

承德的美食文化丰富多样，如承德烤羊腿、承德凉粉等特色美食深受游客喜爱。在品牌形象设计中，展现承德美食的魅力，不仅可以吸引消费者的眼球，还能增加品牌的吸引力。设计师可以通过创意的手法将承德美食与品牌形象相结合，如在品牌宣传中展示美食的制作过程或呈现美食的诱人画面，激发消费者的味蕾和购买欲望。

⑥利用承德自然景观

承德的自然景观壮丽多彩，为品牌形象设计提供了丰富的视觉元素。设计师可以从承德的奇峰异石、茂密森林等自然景观中汲取灵感，将其独特的自然风貌融入品牌形象设计中。例如，在品牌标志或产品设计中运用自然的线条和色彩，展现出品牌与自然的和谐共生之美。

3.品牌形象与承德文化的深度融合

在打造独特品牌形象的过程中，需深入挖掘承德文化的内涵和精髓，将其与品牌形象进行深度融合。这种融合不仅体现在视觉设计上，更体现在品牌理念和营销策略上。通过承德文化与品牌形象的深度融合，可以打造出既具有地域特色又符合现代审美观念的品牌形象，进而提升品牌的市场竞争力和影响力。

同时，品牌形象的打造也需要与时俱进，不断创新。在保持承德文化特色的基础上，结合现代设计理念和市场需求，进行巧妙的创意和设计，使品牌形象更加鲜明、生动和具有吸引力。这样，品牌不仅能够在激烈的市场竞争中脱颖而出，还能够成为传承和弘扬承德文化的重要载体。

综上所述，通过深入挖掘承德文化的内涵和特色，将其与品牌形象进行深度融合和创新设计，我们可以打造出既具有地域特色又符合现代审美观念的品牌形象。这样的品牌形象不仅能够提升品牌的文化内涵和市场竞争力，还能使品牌成为传承和弘扬承德文化的重要力量。

（插图绘制：张琦航）

3.4 承德地域文化在包装设计中的应用策略

——— 应用原则

在应用承德地域文化元素进行包装设计时，需要遵循以下原则，以确保设计的合理性和有效性。

1.尊重与传承：避暑山庄数字文创产品的文化根基

应用承德地域文化元素的首要原则是尊重并传承文化。设计师需要深入了解承德的历史、民俗和文化内涵，确保所选用的文化元素能够真实反映承德的地域特色和历史文化底蕴。同时，设计师还应以传承和发展承德文化为己任，通过包装设计这一载体，将承德的文化魅力展现给更多人。

2.主题与定位：构建避暑山庄数字文创产品的核心标识

包装设计的核心目的是传递商品信息并吸引消费者。因此，在应用承德地域文化元素时，设计师应明确商品的主题和定位，选择与商品属性相契合的文化元素进行设计。这样不仅能提升商品的辨识度，还能使消费者更直观地了解商品的特点和卖点。

3.创新与融合：为避暑山庄数字文创产品注入现代活力

传统与现代相结合是包装设计的重要趋势。在应用承德地域文化元素时，设计师应具备创新意识，尝试将传统文化元素与现代设计理念相融合，创造出既具有历史厚重感又不失现代时尚感的包装设计作品。通过巧妙的创新和融合，可以让承德的文化元素焕发新活力，更贴近现代消费者的审美需求。

4.可读性与可视性：避暑山庄数字文创产品设计的双重考量

包装设计中的文字、图案和色彩等元素应具有高度的可读性和可视性。在应用承德地域文化元素时，设计师应注重元素的布局和呈现方式，确保消费者能够迅速捕捉到商品的关键信息。同时，设计师还应合理运用色彩和图案的搭配，营造出独特的视觉效果，吸引消费者的眼球。

——— 应用策略

1.承德文化符号的深入挖掘与提炼

承德拥有丰富的历史文化资源，如避暑山庄、普陀宗乘之庙等著名景点，以及满族、蒙古族等少数民族的传统文化。设计师可以从这些文化资源中深入挖掘并提炼出具有代表性的文化符号，如避暑山庄的建筑图案、普陀宗乘之庙的莲花座造型等，将其巧妙地融入包装设计中。这些独特的文化符号不仅能够凸显商品的地域特色，还能增强商品的辨识度和吸引力。

2.地方材质的运用

承德地区的传统工艺和材料也是包装设计的宝贵资源。例如，可以利用承德剪纸、刺绣等传统工艺来装饰包装，展现承德文化的独特韵味。同时，还可以选用当地特有的材料来制作包装，如使用承德特产的木材或石材作为包装材料，既能体现地域特色，又能增加商品的附加值。

3.现代设计理念的深度融入

在应用承德地域文化元素时，设计师应结合现代设计理念进行创新设计。可以尝试将传统文化元素与现代简约风格相融合，创造出既古典又现代的包装设计作品。

4.实用性和便携性的统一

除了美观性外，包装的实用性和便携性也是消费者关注的重点。在应用承德地域文化元素进行包装设计时，设计师应注重包装的实用性和便携性设计。可以选择轻便、环保的材料来制作包装容器和装饰品；同时还可以通过优化包装结构来提高商品的保护性能和便携性。这样不仅能够满足消费者的实际需求，还能提升商品的市场竞争力。

5.数字化技术的融入

随着科技的发展，数字化技术在包装设计中的应用也越来越广泛。设计师可以利用AR技术、QR码（二维条形码）等方式为消费者提供一个与包装进行互动的有趣体验。例如，在包装上添加一个QR码，消费者扫描后可以观看一段介绍承德文化的视频或参与一个互动游戏等。这种创新的互动方式不仅能够吸引消费者的注意力，还能增强消费者对承德文化的认知和兴趣。

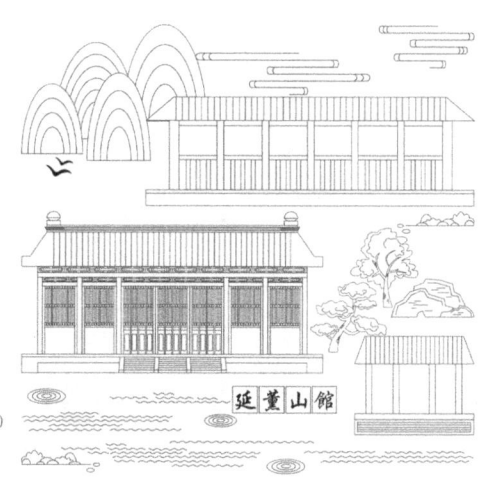

（插图绘制：张琦航）

数字文创产品与品牌设计

(插图绘制：陈思淼)

热河三十六景诗·水芳岩秀

清·玄烨

水性杂苦甜，水芳即体厚。名泉亦多览，未若此为首。
颐卦明口实，得正自养寿。择地立偃房，根基度长久。
节宣在兹求，勤俭勿落后。朝窗千岩里，峭壁似天剖。
远托思云汉，怡神至星斗。精研书家奥，临池愈涩手。
清淡作饮馔，偏心恶旨酒。读老无逸篇，年年祝大有。

第4章
区域品牌形象及包装设计研究与实践

（插图绘制：陈思淼）

4.1 鱼儿山牧场品牌形象及包装设计研究与实践

——设计背景

鱼儿山牧场位于河北省承德市丰宁满族自治县鱼儿山镇，属于北部坝上高原浅山丘陵区，交通便利，地势平坦开阔，地形属于坡状舒缓高原地貌。牧场的主导产业是农业种植，以发展畜牧养殖业为辅，目前重点发展休闲旅游和康养旅游产业、绿色食品产业、现代畜牧业、清洁能源产业四大产业。鱼儿山牧场自2018年起，设计了全新的视觉形象，并且借助高校的力量对整个牧场进行了整体的品牌规划，制订了实施方案，注册了多个相关商标，涵盖了20多种相关的品类，这为乡村文化创意产品开发提供了良好条件。牧场设立了农产品文创店，店内以销售具有蒙古特色的食品为主，缺少本地的特色农产品，其他类型的文创产品尚处在萌芽阶段，亟待进行深入的开发与设计。

——设计目标

鱼儿山农产品的包装设计要围绕着"地域特点"和"新鲜创意"两个方面进行设计。首先要挖掘鱼儿山牧场的文化元素，鱼儿山镇水草丰茂，当地村民多以饲养马、牛、羊和种植小麦、莜麦、胡麻、土豆为生，同时鱼儿山地区的舒缓坡地地形也具有较强的地域识别性，这些都可以成为乡村文创产品的设计元素。同时，鱼儿山的名字中的"鱼"字能让人产生丰富的联想，中国自古以来关于"鱼"的典故和成语非常多，如"鱼跃龙门""年年有鱼""鱼水相欢"等。由此可见，鱼在中国人的观念中占有重要的地位，是吉祥的象征，在农产品的包装设计中将这些元素提取出来，进行打散、重组，运用现代的设计理念进行设计，会产生全新的设计效果，塑造出既熟悉又陌生的新鲜感。

——设计调研

发挥乡村品牌的作用指的是通过文化、创意服务乡村农业。品牌是产品的属性，是消费者与使用者、大众对产品认知的形象思维。品牌是农产品产品设计的第一步，只有确立了产品的品牌，产品才具有灵魂。因此，在确立文创品牌之前，要先对鱼儿山牧场进行全新的视觉形象设计。在鱼儿山牧场的logo设计中，以象征着吉祥的锦鲤为主要创意点，结合鱼儿山地区的地形地貌特点和绿叶的元素进行设计，既与鱼儿山牧场的名称相呼应，又能突出地域特点和牧场的特性。标志整体以绿色为主，同时具有较强的动感，象征着牧场的动态发展。

鱼儿山牧场相继注册了滦福源、白小鱼、庆有鱼、九鼎御、燕山金渊等6个商标，其中滦福源用作现代绿色农产品的品牌，正面对标的对象是掌生谷粒。因此在滦福源的品牌设计中，以"民以食为天"为设计理念，将品牌字体与"碗"相结合，滦河是承德地区较大的河流，将水的形象融入到标志设计中，寓意滦河之源、福气之地，将品牌的特性很好地展示了出来。白小鱼是轻奢型白酒品牌，主要面向的是18~35岁的年轻人，因此在白小鱼的品牌设计中，以简洁的字体标志设计为主，整体设计简约、时尚，力求体现品牌的定位与特性。

—— 设计定位

鱼儿山牧场的农产品包装设计要进行清晰的定位和分类，在定位中首先要找到鱼儿山牧场自身最大的优势：如农产品的生长环境优越、日照充分、农作物生长期长、产品质量一流等特点。因此，其中的一个方向就是要为本地的粗粮和细粮农产品赋予文化内涵，将其打造为质量一流、包装精美的文创产品。第二个方向是围绕鱼儿山地域文化进行解构设计：一是深入挖掘吉祥鱼文化，对中国的鱼文化进行系统的搜集和整理，对鱼进行图形设计；二是根据当地的马牛羊和地形元素进行设计。

—— 设计过程

1.荞麦米等农产品的包装再设计

包装的情感表达需要鲜明的个性化特征，或文化，或民俗，或时尚，各自契合特定的目标消费群体，最大程度地运用包装这一介质将消费者的心中的潜在形象塑造出来，成功唤醒消费者的情感共鸣。文创产品的包装设计与普通产品的包装设计有些许的不同，文创产品包装设计中情感表达占有较大的比重，包装设计的对象具有较强的针对性，需要在瞬间打动人，使人产生情感共鸣。因此鱼儿山农产品的包装设计要以情感表达为突破口，深入地挖掘符合游客情感诉求的元素，使包装在情感上与游客产生共鸣，这一切都是以过硬的产品质量为基础的，产品的包装设计以体现产品和地域特点为主要内容。在荞麦米的包装设计中，首先对包装的形状进行设计，以"鱼"为突破口，对鱼的图形进行大胆的设计，并与鱼的吉祥成语相结合，每个包装都是一句吉祥的祝福。将荞麦当作鱼鳞进行排列，用荞麦的枝蔓组成鱼的外形，包装的底色以马尔斯绿为主色调，体现鱼儿山地区良好的生态环境。产品的名称以黑体字为原型，将字体与云纹相结合进行精致化设计。包装的盒型以长方形为主，通过模切在一定程度上使人联想到鱼的形状，处处体现鱼儿山的鱼文化，使包装的趣味性和文化性相统一，使消费者产生情感共鸣。

2.滦福源胡麻油的全新设计

在滦福源胡麻油的包装设计中同样以情感共鸣和地域文化为突破口。鱼儿山牧场的胡麻油品质一流，深受游客的喜爱，但是包装处于最初的玻璃瓶罐装阶段，需要对产品进行全新的定位与设计，使其成为乡村文创产品。首先根据胡麻油的制作过程进行插画绘制，将一粒优质胡麻的生长一直到榨油的过程分为7个阶段来绘制插画，将山、水、云、农民、飞鸟、胡麻等元素组合到画面中。插画的外轮廓是鱼的不同动态，每一种动态体现一个跟鱼有关的成语，以黑白版画的形式进行体现，插画整体呈现出动静结合的状态，充满了趣味性，使人过目不忘。由于插画图形具有很好的创新性，可以根据插画的原型继续衍生一系列的文创产品出来，根据整个的榨油过程，可以设计一系列的鱼儿山胡麻油主题的鱼形冰箱贴。由一款文创产品衍生出了新的文创设计，使得文创产品的研发具有了良好的延展性，形成相互支撑、相互融合的产业链条。

3.莜面、荞麦粉包装设计

莜面、荞麦粉的包装主要以体现莜麦、荞麦良好的品质为主，使用手绘的方法来绘制莜麦、荞麦，颗粒饱满，品质一流，将鱼儿山地区的山岭特点融入包装设计中，体现了良好的地域性。

4.燕麦米包装设计

燕麦米包装用新颖的现代手法线条，将草原、燕麦、河水和树木等动植物表现出来，体现出原产地优美的生态环境，包装整体设计风格现代、时尚，在传达出产品良好品质的同时，给人以美的享受。

5.白小鱼白酒包装设计

作品的灵感来源于水及水中的绝美精灵——鱼。鱼作为设计的核心元素。通过水流的流畅和灵动，突显了白小鱼白酒的活力与生命力。设计聚焦于整体风格与品牌特质的完美融合。

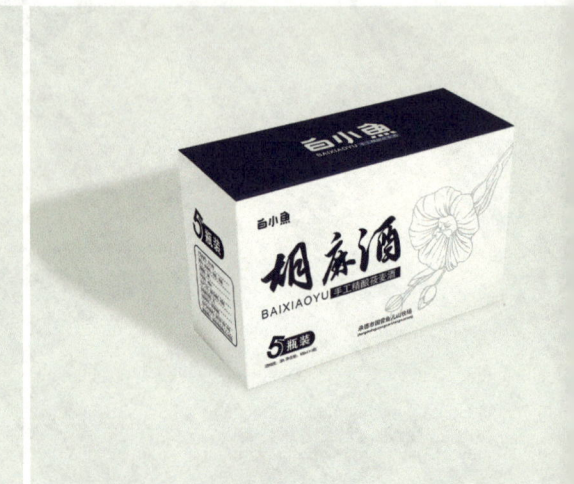

6.金莲花茶包装设计

　　金莲花茶包装采用生动可爱的卡通插画形式，清新的颜色调和了画面的氛围，让人仿佛置身于那片绿意盎然的土地，呼吸着新鲜的空气，感受着大自然的魅力，让包装不仅是一件实用的物品，更是一件充满艺术感和文化韵味的作品。

4.2 木兰云液品牌形象及包装设计研究与实践

设计背景

木兰云液为承德御道融创传媒有限公司开发的酒类品牌。木兰围场位于河北省东北部（承德市围场满族蒙古族自治县），地理环境优越，于清朝建立，为清代皇家猎苑。木兰围场享有"水的源头，云的故乡"等美誉，"木兰云液"也由此得名。

包装对品牌的推广起着至关重要的作用，面对市场上各类酒类包装的冲击，打造自身的品牌及包装尤为重要。根据该产品自身的特点与地域特色对该产品进行设计，并结合消费者的消费心理与当代设计美学进行分析与研究，设计出符合消费者需求的品牌及包装。

设计目标

作为区域性酒类品牌，木兰云液需要在其标志中展现出浓厚的地域特点及寓意。在包装设计方面，应着眼于消费者需求，打造出属于该产品独特的标志与包装。

设计明细

木兰云液品牌需设计一款独特标志、两套风格鲜明的酒包装，以及配套办公与活动用品。在设计木兰云液标志及包装时，将深入挖掘其历史、民俗与环境特色，以赋予品牌独特的创新性和记忆点，从而助力品牌的广泛传播。

设计调研

经调研，国内酒产品标志设计及包装现状如下：

白酒品牌标志设计常融入传统文化元素，如云纹、花鸟图案，既展现深厚文化，又凸显品牌传统与经典。

白酒包装设计呈现出多样化、创新化和个性化的趋势。随着市场竞争的加剧，白酒包装设计形式日益多样化。越来越多的白酒企业开始尝试创新的包装设计形式。

当前，白酒包装设计存在一些问题：色调单一，以红色为主；对传统文化的理解片面，形式化严重；包装设计雷同，消费者难以区分不同产品。

—— **设计定位**　　木兰云液的标志需要与品牌概念相互融合，简单大方，给消费者留下极大的记忆点。在包装设计方面，采用插画的方式吸引消费者，选择精装礼盒和简装礼盒两种形式的包装，以打造木兰云液酒产品品牌中的高端形象。

—— **设计过程**

1.标志设计

在设计品牌标志时，首先应该关注标志要传达的信息是什么，而不是过早地考虑风格。通过前期的沟通，确定该品牌标志以文字或文字与图形结合的方式来表现，因此确定了两种设计方向进行设计。

方案一：标志由"木"字、酒滴、河流、云、鹿五种元素组成。"木兰"为满语"哨鹿"的意思，以鹿为主体进行标志设计，鹿角与木字进行创意展现。鹿与云结合，云纹的走势与汉字"云"相对应，鹿角中包含一滴酒的形状，寓意滴滴精品、历久弥香的品质。

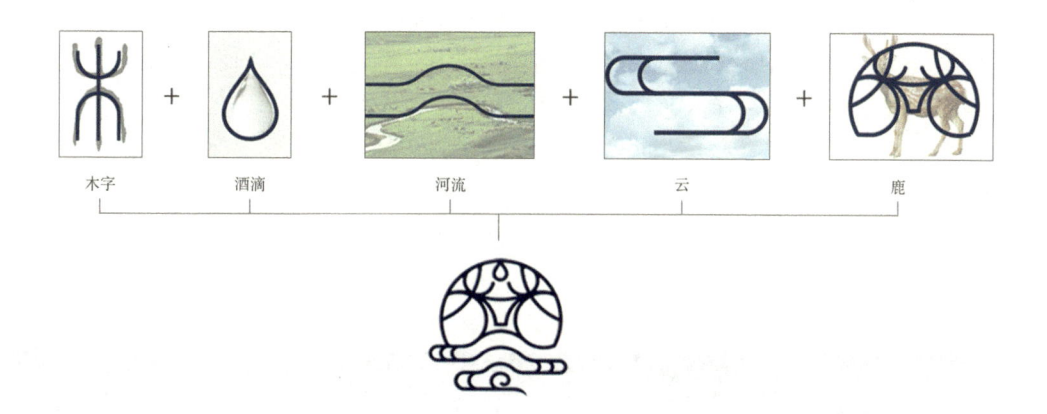

| 木字 | 酒滴 | 河流 | 云 | 鹿 |

方案二：以文字为主要表现方式进行标志设计。不仅要将信息准确地传递，而且还要具有良好的审美性。可以利用笔画共用的手法，"木"与"兰"进行笔画共用，"云"与"液"进行笔画共用，但整体排版较为单一，排列方式也不可拆分。

本方案也用繁体字作参考，笔画结构等粗，"云"字与云纹图形相结合，使字体更加生动，整体文雅美观。

经过与品牌方的深入交流与沟通，最终确定了第一方案为最佳选择。在此方案中，对字体进行全新设计，以增强其独特性和识别度。色彩决定采用深蓝色和金色作为标准色，以突显品牌的独特魅力和产品的高品质。

深蓝色作为标准色之一，不仅因为酒类产品的消费者群体以男性为主，这种颜色能够传达出男性沉着、冷静与深思熟虑等特质，更因为深蓝色代表着永恒与稳定，象征着产品能够长久地赢得消费者的青睐与喜爱，成为他们生活中不可或缺的一部分。

#152b52
RGB 21/43/82
CMYK 100/95/52/17

金色则作为另一标准色，充分展现了本产品作为粮食佳酿的尊贵品质。金色承载着秋季硕果累累的意象，传递着收获的喜悦与满足。它不仅代表着金黄的稻谷和果实，也寓意着辉煌与明亮，寄托着产品能够被广大消费者认可与购买的美好愿望。

#f2cc8e
RGB 242/204/142
CMYK 05/24/48/00

希望通过这样的色彩搭配，能够为消费者呈现出一个既稳重又充满活力的品牌形象，让消费者在品味美酒的同时，也能感受到品牌所传递的深厚文化底蕴与美好寓意。

2.包装插画设计

一个优秀的包装，除了传达产品的基本信息外，更重要的是通过图形元素展现其形式美和情感色彩，从而提升产品的整体价值。针对本产品"滴滴纯酿"所展现的卓越品质，为此精心绘制了两幅插画，巧妙地以酒滴的形状为载体，生动展现了木兰围场的自然风光。

其中一幅插画以酒滴形状为核心，展现了木兰围场山峦叠嶂、水波粼粼的壮丽景色。酒滴中隐约可见的龙纹与围场风光完美融合，仿佛诉说着皇家园林的辉煌历史。四周环绕的山、水、鹤等元素，则寓意着生生不息、自然佳酿的美好愿景，彰显出产品的纯正与精致。

另一幅插画以鹿为主体，以酒滴形状为背景，呈现出"木兰"满语——"哨鹿"的美好寓意。画面中，鹿在山水间自由奔跑，形态优美、栩栩如生。酒滴形状的背景与鹿的形象相互呼应，既突出了产品的主题，又增强了画面的层次感。

为了满足不同消费者的需求，采用精装与简装两种包装方式。精装版包装更精致、华丽，适合作为礼品赠送或收藏；而简装版则更为实用、便捷，适合日常饮用。这种人性化的设计可以提升产品的市场竞争力，让消费者有更多的选择空间。

精装礼盒的设计独具匠心，采用了抽拉式和天地盖两种款式，不仅丰富了消费者的选择，更增强了包装的视觉冲击力。这两种形式不仅外观精美，而且实用性极高，能够充分展现产品的尊贵品质与独特魅力。

在包装内部选用了瓦楞纸作为固定和保护材料。这种材料不仅能够有效减少产品在运输过程中的损伤，确保产品的完好无损，而且便于消费者轻松取出和放回产品。同时，瓦楞纸的使用还增加了产品的展示功能，让消费者能够更加清晰地欣赏到产品的细节和品质。

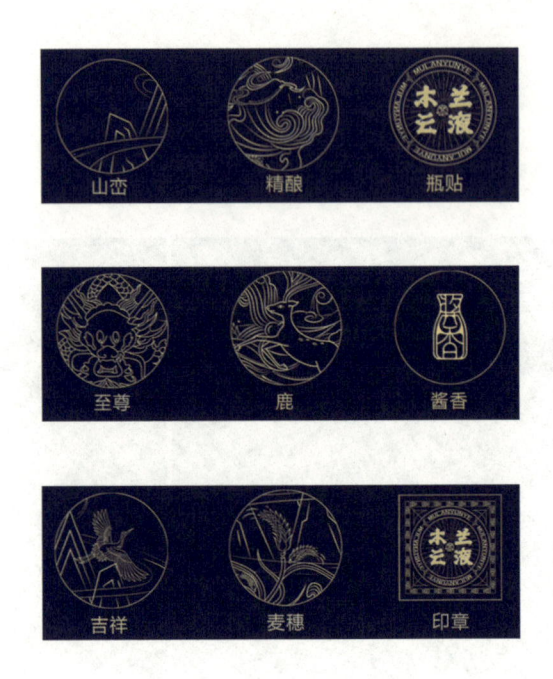

—— 设计展示

从标志到包装，都力求为消费者带来深刻的记忆点。独特的标志设计、精美的插画以及人性化的包装方式，都将成为该产品在市场推广中的有力武器。这些精心设计的元素，可以让消费者牢牢记住木兰云液这一品牌，从而推动产品的广泛传播与热销。

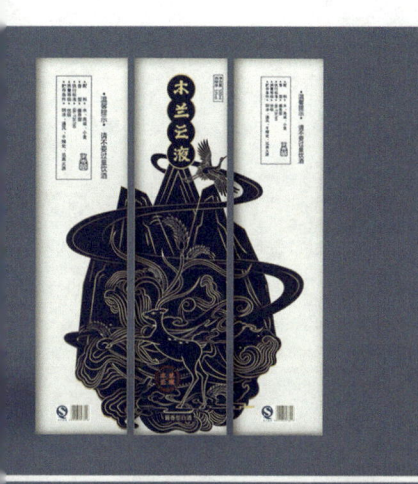

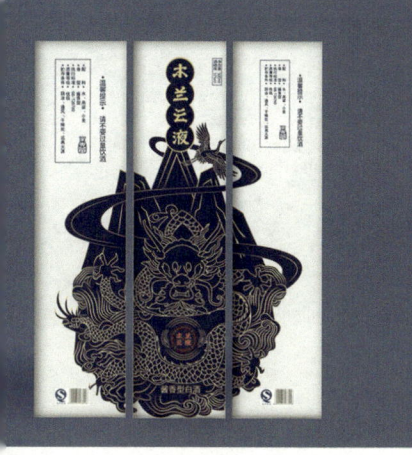

酒包装设计

活动用品设计

精装酒包装设计

　　木兰云液品牌及包装设计是对木兰围场深厚历史、独特民俗和秀美环境的完美诠释，同时巧妙融入现代插画艺术，展现了传统与现代的和谐交融。

　　在设计过程中，深入挖掘木兰围场的历史文化内涵，将其中的龙纹、鹿等元素与现代插画手法相结合，既保证了画面的协调性，又赋予了设计作品独特的创新魅力。通过精心绘制的插画，我们展现了木兰围场的自然风光和皇家的尊贵气质，使消费者能够深刻感受到产品的独特魅力和文化内涵。

第4章 区域品牌形象及包装设计研究与实践

办公用品设计

  通过设计传达产品的优良品质。以线条的方式展现木兰云液滴滴纯酿的特点，使设计作品具有完整的视觉效果，给消费者留下深刻的记忆点。这种设计手法不仅提升了产品的视觉吸引力，更增加了消费者的购买欲望。

  木兰云液品牌及包装设计是一次传统与现代相结合的尝试。它充分展现了木兰围场的文化魅力，推动了木兰云液品牌的推广和市场销售。

4.3 承月鲜枣农产品品牌形象及包装设计研究与实践

设计背景　　我们受承德市月光果树种植农民专业合作社之托，针对承月鲜枣产品进行品牌设计，并为承月鲜枣产品打造独特且专属的包装。该合作社作为国家级农业合作社，对品牌形象的塑造和产品包装的设计要求极高。

设计目标　　经过对市场上各类果品品牌标志与包装的详尽调研、综合分析及系统总结，明确了本次设计的核心目标：一是为产品打造独具特色的包装设计和品牌标志，二是确保标志具有高度的独特性和辨识度，使消费者能够轻松记忆并识别。在实现这些目标的过程中，将承月这一品牌名作为标志设计的核心元素，力求在设计中充分体现并突出其特色。同时，为了与鲜食枣的特性相契合，在标志设计中融入相关的元素和意象，以增强品牌与产品之间的关联性。

设计明细　　承月农产品品牌标志设计1项，鲜枣产品包装设计5套及相关的衍生品设计若干。

设计调研　　经过对承德市面上各类果类产品标志的深入调研与细致分析，发现当前果类产品的标志设计存在若干不足。多数标志仅采用产品的形状或简单地将品牌名称作为设计核心，这种设计方式虽然直观，但过于简化，设计形式也趋于大众化，缺乏独特的视觉元素和创意构思。因此，这些标志在记忆点和识别度上表现欠佳，难以在消费者心中留下深刻印象。同时，它们的寓意表达也相对单薄，未能有效传达出品牌的核心价值和产品特性。

　　针对上述问题，承月品牌标志的设计应着重于打造差异化，以区别于市面上的大部分果类产品标识。通过融入独特的创意元素和视觉符号，提升标志的复杂性和艺术性，从而增强其识别度和吸引力。在承月的品牌标志设计中，应注重创新性和差异性，力求打造出让消费者过目难忘的品牌形象。

—— **设计定位**　　精确的设计定位是明确设计目的和锁定目标受众的基石，对确保商品信息能够精准无误地触达消费者群体具有至关重要的作用。需要深入分析承月鲜枣产品的核心特性和其已获得的中国绿色食品发展中心认证，以及作为无公害、绿色有机果品的独特卖点。这些要素不仅是产品质量的保证，也是品牌形象的重要组成部分。在此基础上，结合承德地区独特的地理环境，为承月枣产品的品牌标志和包装进行量身定制的设计。

—— **设计过程**　　1.标志设计

在标志设计的过程中，通过精湛的设计技巧与创新的构思，将各种设计元素进行巧妙的组合，以呈现独特的创意。无公害与绿色有机是品牌形象塑造的重要方向。

方案一：尝试将枣的形状与产品名称相融合，文字与形状的结合略显生硬，整体设计感觉略显简单，未能充分展现品牌的深层次内涵。

方案二：加强了枣形状与文字的关联性设计。设计过于复杂，反而影响了标志的识别度，不利于品牌在消费者心中的快速认知。

方案三：汲取了前两个方案的优点，将"承月"两字以更为巧妙的方式结合，力求在简洁与内涵之间找到最佳平衡点。通过增加细节、丰富色彩或引入更具象征意义的图形元素等方式，为标志注入更多的活力和个性。

　　方案一 　　　　　　　　　方案二 　　　　　　　　　方案三

2.标志的修改与确立

通过标志的象征性特点，有效地传达了产品的核心信息。在与品牌方进行深入沟通交流后，最终选定了方案三作为品牌标志，并对其进行了细致的整理和修改，增添了一些精致的小细节。标志的外轮廓简洁地勾勒出了枣的形状，为了与市面上其他简单的以产品形状为基础的品牌标志相区分，我们采用了几何形状作为外轮廓，而内轮廓则呈现出椭圆形的枣。这样的设计使得"承月"两字更加突出，打造出了一个既简洁又易于理解和识别的品牌标识。

色彩无疑是最为引人注目的视觉元素，它具有强烈的象征意义，能够直接影响人们的心理感受。在标志设计完成后，进行了色彩搭配，最终选择了枣红色作为标准色。这种颜色不仅凸显了枣的特性，还寓意着合作社对产品研发的热情以及未来发展的蓬勃愿景，红色所蕴含的热烈与大气，与品牌理念相得益彰。

3.插画设计

插画作为一种独特的设计形式，正逐渐受到大众的青睐。在包装设计中，插画不仅连接着包装和产品，更赋予了产品独特的艺术韵味。在承月品牌标志设计完成后，设计以枣为主题的插画，以期让包装更加生动多彩。

方案一：将鹿角与枣树元素相融合，以创造出别具一格的插画。在设计过程中，枣树的枝干与动物形象的结合并不够和谐，导致视觉效果略显生硬。同时，枣树的叶子处理也存在问题，其分布过于杂乱，缺乏必要的秩序性，这使得整个插画作品显得凌乱无序，影响了整体的美感与辨识度。为了提升这一方案的视觉效果，对枣树的枝干和叶子进行更为精细的处理，可以优化枝干的走向和形态，使其与鹿角更好地呼应与融合；同时，对叶子进行适当的删减和重组，以增强其秩序感和层次感。

方案二：对动物形象的呈现进行了显著的改进，相较于第一套方案，整个画面布局更为有序且构图更为完整。创新性地将茶壶枣、葫芦枣、孔府酥枣、鸡蛋枣、辣椒枣与梅花鹿、骏马、凤凰、公鸡、锦鲤等富含吉祥寓意的动物形象相融合，这种结合不仅使得插画内容更为丰富多元，同时也深化了产品的文化内涵。考虑到承月枣产品作为无公害、绿色有机果品的独特属性，插画中巧妙地添加了山、水、云等自然设计元素，旨在营造一种贴近自然、源于自然的视觉感受，从而让消费者更加直观地体验到产品的生态与环保特质。

色彩运用在标志设计中扮演着至关重要的角色，它是产生视觉冲击力和感染力的重要因素之一。在本方案中，主要选用了蓝绿色调，以期为消费者带来清新脱俗的视觉体验。为了凸显品牌的地域特色，融入了承德地区的标志性元素，如元宝山、双塔山等，通过这些地方特色元素的加入，不仅丰富了插画的视觉效果，也进一步展现了品牌的地域文化底蕴。

每款枣的名称设计的创新之处在于将各种枣的独特外形元素融入其中。这样的设计思路使字体本身焕发出新的生命力，产品包装与字体设计相得益彰，完美融合。每款枣的名称设计都充分考虑了其所代表的枣种的外形特征。比如，对于形状圆润、色泽鲜亮的枣种，采用了更为流畅、饱满的字体线条，以此呼应其外在形态；而对于那些形状独特、纹理分明的枣种，则可能通过更具创意和个性的字体设计，来凸显其与众不同的特点。

茶壶枣　鸡蛋枣

辣椒枣　葫芦枣

孔府酥枣

4.材料与盒型结构排列

鲜枣以其独特的口感和营养特性深受消费者喜爱，为了确保其品质在运输过程中得以保持，选用了瓦楞纸箱作为包装材料。瓦楞纸箱轻便易携，更能有效防止鲜枣在运输途中破损，从而避免由此引发的变质问题，其优良的隔热性能也确保了鲜枣在高温环境下不会受到损害，保持了其原有的鲜美口感。

在盒型设计上，考虑到运输的便捷性和消费者的实际需求，推出了礼品盒和简装两种类型，以满足不同消费者的需求。礼品盒设计精美，容量大，适合作为礼品赠送或在特殊场合使用。简装包装则在容量上相对较小，这不仅降低了商家的生产成本，也使得产品价格更加亲民，满足了日常食用或初次尝鲜的消费者的需求，为商家赢得了更多的市场机会。

产品包装设计了产品名称、产品信息、产品规格以及与鲜枣相关联的插画，使包装更具吸引力和辨识度。文字排列则根据插画的走向进行，既美观又易于阅读。更为重要的是，这款礼盒在视觉设计上别出心裁，通过精心构思的图案与色彩搭配，旨在第一时间吸引消费者的目光，充分展现产品所蕴含的独特魅力和高端品质。无论是简洁包装还是豪华礼盒包装，都注重产品的内在保护。因此，在产品内部均使用瓦楞纸进行细致入微的包裹，这样的设计确保了鲜枣在运输过程中的安全与完整。

设计展示

品牌理念作为设计的核心灵魂，它贯穿于设计的每一个环节，为作品注入了独一无二的风格和深层内涵。换言之，设计是品牌理念的直观体现。为了实现这一目标，项目深入研究了承月枣产品的品牌历史、文化背景和价值观，力求将这些元素有机地融入设计中。这样的设计作品不仅显著提升了品牌的辨识度，还进一步增强了消费者对品牌的认同感和忠诚度。设计还必须紧密结合市场动态和消费者的审美需求。一个成功的设计不仅要忠实于品牌理念，还要具备市场竞争力，能够吸引并留住消费者的目光。在设计过程中以市场趋势为导向，运用独特的创意和设计方法，以期创作出既符合承月鲜枣产品品牌理念又具有广泛市场吸引力的作品，同时也为合作社带来更多的商业机会和广阔的发展空间。

4.4 承秦绿保品牌形象及包装设计研究与实践

设计背景

承秦绿保品牌及其包装设计是承德市承德县陈家沟乡村振兴项目的重要组成部分，具有深远的实践意义。该品牌在地方上已经积累了一定的知名度，有效地推动了当地红薯产业经济的发展。

承德市场上的红薯和红薯干产品，普遍缺乏专业且地域特色鲜明的包装，多以通用纸盒或塑料袋的方式进行包装和销售，影响了信息的有效传达，在一定程度上制约了产业的进一步发展。因此为这类产品打造独特且富有吸引力的品牌形象和地方特色明显的包装设计尤为重要。

设计目标

承德的红薯与红薯干作为地方特色产品，具有独特的风味和价值。为了充分发挥产品的优势并推动承秦绿保品牌的发展，需为其打造一套专属的品牌形象和包装，以及设计一个具有高度识别性的标志。

结合承德丰富的地域文化和产品自身的特色，我们将致力于创造一个既能体现地方风情又能突显产品独特性的品牌形象。通过精心设计的包装和标志，承秦绿保的红薯与红薯干将能够更好地吸引消费者的目光，从而在激烈的市场竞争中脱颖而出。这不仅有助于提升产品的知名度和美誉度，还能进一步推动承秦绿保品牌的持续发展。

设计明细

为承秦绿宝设计品牌标志1枚，不同口味的红薯产品包装3套。

设计调研

国内红薯产品的标志与包装设计水平参差不齐，缺乏精美完整的设计作品。多数产品采用简陋纸盒或塑料包装，这影响了信息的准确传达，削弱了视觉传达效果，制约了红薯产业的发展。

市场上绿色农产品的标志设计同样显得缺乏设计专业性，大多数设计仅仅停留在对产品形状的简单描绘或使用产品名称的首字母进行设计层面，这样的设计缺乏辨识度，难以在消费者心中留下深刻印象。这种现状亟待改善，以便更好地推动红薯及绿色农产品市场的繁荣发展。

―― **设计定位**　　承秦绿保农产品品牌的设计定位需精准反映乡村传统文化的深厚底蕴与独特魅力，同时深刻融入绿色生态的核心理念。该品牌旨在塑造一个既具有鲜明地域特色，又充满活力的农产品形象。为实现这一目标，品牌将深入挖掘乡村文化的独特元素，展现乡村的淳朴风情与自然和谐之美。此外，品牌还将积极倡导绿色、环保、可持续的生活方式，以期为推动陈家沟绿色农产品的发展贡献自己的力量。

―― **设计过程**

1.标志设计

标志设计的过程中可以运用各种设计元素，通过灵活的组合与搭配来展现独特的创意。以下是对三个设计方案的评价的详细阐述。

方案一：尝试将红薯叶子的形状与产品名称相结合，但图形融合不够自然，且缺乏承德当地的特色元素，整体设计显得较为简单。

方案二：专注于对"承秦"二字进行字体设计，虽然设计独特，但对红薯元素的体现不足，导致识别性不够强，难以直观展现产品特征。

方案三：巧妙地融合了"承秦"二字与红薯叶子的形状，进行了别出心裁的字体设计，旨在追求形式的简洁与内涵的丰富。为进一步完善该设计，将承德地区自然景观巧妙地嵌入标志之中，凸显其地域特色，加深其文化底蕴。对字体的粗细、排列方向和笔画进行适当的调整，以达到更加和谐统一的视觉效果，从而提升标志的辨识度和整体美感。

2.标志修改与确立

视觉传达设计主要由图形、文字和色彩三大要素组成，其中，色彩不仅传递着独特的视觉信息，还蕴含着深层的象征意义，对受众的心理感受产生直接且深远的影响。

经过与品牌方的深入沟通和交流，最终选择方案三作为品牌标志设计方案。在此方案的基础上，我们进行了细致的梳理和优化。调整标志的底部形态，使其与负形轮廓形成和谐的呼应。同时，我们对"承秦"二字的字体进行了精细化的改进，以提升字体的辨识度，并确保整体视觉效果更加协调统一。

在色彩选择上，我们最终选定了叶绿色作为标志的主色调。这一选择基于多方面的考虑：首先，绿色与农产品有着紧密的联系，选用绿色作为主色调能够自然而然地引发人们对健康、生态农产品的联想。其次，叶绿色的简洁与大气不仅代表着企业的稳健与活力，还预示着企业未来的蓬勃发展与繁荣。因此，我们认为叶绿色是表达企业理念和品牌形象的最佳选择。

3.包装设计

在确立了承秦绿保的品牌标志后，着手为红薯干设计包装。设计理念是将承德的地域特色建筑与红薯元素相融合，以此凸显承德独特的地域文化，进而提升产品的市场吸引力。

在这一理念的指导下，我们设计了第一套方案，将避暑山庄丽正门的形象融入红薯干包装的设计中。丽正门是避暑山庄的代表性建筑，能够较好地体现历史性和地域特色，但是如何与红薯产品相融合，成为设计过程中的难题，需要通过尝试和创新，找到既能尊重并体现承德文化，又能突显红薯干独特品质的包装设计。

通过对第一套设计方案的实践与深入反思，我们意识到将承德本土元素与红薯特色相融合对于增强产品趣味性和市场影响力的重要性。这一认识为第二套设计方案提供了宝贵的启示和更加深入的理解。

第二套方案在整体视觉呈现上实现了显著提升，其表现手法更为精湛和成熟。本方案运用了中国风的设计手法，巧妙地将承德元素与红薯特色融为一体。这种融合不仅使得两者相辅相成，更突出了产品作为绿色农产品的独特调性。色彩在标志和包装设计中具有举足轻重的地位，是产生视觉冲击力和感染力的重要因素。因此在第二套方案中采用新颖的色彩组合力求为消费者带来耳目一新的感觉。同时在设计中融入承德当地的自然景观元素鸡冠山、磬锤峰等，使得包装设计更具辨识度和记忆点，从而有助于产品在市场竞争中脱颖而出。

4.包装形式选择

精装礼盒：其设计定位高端、精致，旨在展现品牌对精致生活的追求与承诺。在外观上，运用了精致的工艺和考究的材质，使得礼盒富有质感，完美诠释了品牌对目标客户的尊重与珍视。在色彩选择上，采用了和谐统一的色调搭配，确保视觉效果的和谐与舒适。图案设计方面，注重细节处理，每一处都经过精心设计，力求呈现出极致的美学体验。这样的设计适用于节日或特殊场合的赠礼。

简装：相较于精装礼盒的精致，简装设计更注重实用性与便携性。采用了轻便的材质，使得包装既经济实惠又易于携带。这样的设计不仅满足了消费者日常食用的需求，更能够让他们在忙碌的生活中随时随地享受到美味的便利。在色彩和图案上，同样注重与品牌形象的统一与延续，确保简装设计在保持实用性的同时不失品牌特色。

产品包装作为品牌与消费者之间直接沟通的桥梁，承载着详细标注产品名称、信息、规格及与产品紧密相关元素的重要任务。这些内容的精准呈现，不仅有助于消费者迅速了解产品，更是品牌诚信和专业性的有力彰显。

在设计包装时，根据整体画面风格和走向进行巧妙布局，这样的设计既确保了信息的清晰度和可读性，又有效突出了产品的核心信息，同时赋予了包装独特的美感和辨识度。

承秦绿保农产品品牌的包装设计将承德地区的独特元素与红薯这一绿色农产品相融合，呈现出既具有地域特色又充满艺术气息的整体效果。设计不仅赋予了产品独特的文化内涵，更凸显了其作为绿色农产品的天然、健康特性，彰显了品牌对自然、环保的理解和追求。为了充分展现承德地区的人文精神和自然景观，包装设计中巧妙地融入了诸多自然元素。这些元素以简约而富有诗意的方式呈现，展现了承德地区的自然之美和人文魅力。鸡冠山的雄伟、磬锤峰的奇特，都在包装上得到了生动的再现。经过艺术化的处理，以抽象或具象的形式呈现在包装上，这一设计使得消费者在购买产品的同时，也能领略到承德地区的独特风光和文化底蕴，从而增强对品牌的认同感和归属感。这些自然元素的运用，还巧妙地强调了产品的绿色、环保属性。在当下社会，环保、健康已然成为消费者选择产品的重要因素。承秦绿保农产品品牌正是捕捉到了这一市场需求，通过包装设计，将产品的绿色、环保特性凸显出来，进一步提升了产品的市场竞争力。

从品牌标志到包装设计，承秦绿保都致力于为消费者创造深刻的记忆点。独特的设计风格和鲜明的地域特色，使得承秦绿保乡村文化品牌在市场上独树一帜，成为消费者心目中的独特存在。这种独特性和辨识度，无疑大大提升了产品的知名度和美誉度，也使得品牌在市场上具有更强的竞争力。

包装设计作为品牌理念和文化内涵的传递者，具有良好的传播价值。它不仅仅是一种视觉上的享受，更是一种文化的传承和发展。通过包装设计，承秦绿保成功地将承德地区的乡村文化、自然景观和人文精神传递给了更多的人，让更多的人了解和欣赏到这一地区的独特魅力。这种设计也为乡村经济发展注入了新的活力。在乡村振兴的大背景下，承秦绿保乡村文化品牌的包装设计，无疑为乡村文化的可持续发展提供了新的思路和方向。

4.5　热河皇庄品牌形象及包装设计研究与实践

设计背景　　热河皇庄是承德双承生物科技股份有限公司旗下的高端子品牌，承载着丰富的历史与文化内涵，具有深远的实践意义。热河地区自战国时代起便见诸文献记载，历史上众多中央政权曾在此设立行政机构，实施有效管理。其中，避暑山庄作为此地最具盛誉的皇家建筑，不仅见证了皇家的荣耀与辉煌，更为热河皇庄品牌赋予了独特的文化价值。

　　热河皇庄作为区域性农产品品牌，其标志与包装设计将深入挖掘并融入承德当地的文化精髓，实现文化与产品的完美结合。此次设计旨在打造独具特色、与众不同的品牌形象和包装风格，以凸显承德特色农产品的独特价值和市场优势。通过精心设计的标志和包装，我们将引导消费者深入了解和感受承德农产品的非凡品质与魅力，从而进一步提升热河皇庄品牌的市场竞争力和影响力。

设计目标　　围绕承德热河丰富的历史底蕴，结合皇家自身的尊贵与庄重特点，为热河皇庄打造一款独特且大气的商标图形。该商标将主要应用于农副产品和食用菌等经营领域，旨在通过视觉元素传达出品牌的高贵、宏伟与大气，从而与其他农产品企业形成鲜明区别。

设计明细　　设计热河皇庄品牌标志1枚，配套的包装设计3套。

设计调研　　在承德市，众多农产品品牌在设计上往往采用文字和图形相互分离的手法，这种设计手法相对简单粗糙，缺乏整体的协调性和美感。文字与图形的简单拼凑导致品牌形象分散，难以形成深刻印象。从传播角度来看，这种复杂的设计使得品牌信息的传达不够明确和高效。

　　承德农产品包装设计目前较为单调，仅满足基础保护与运输需求，缺乏创意与特色。部分包装无明确品牌标识，消费者难以识别记忆。与市场上同类产品的包装设计相似度高，缺乏独特性，难以在激烈的市场竞争中脱颖而出。

因此，承德农产品包装亟待改进创新，提升辨识度和吸引力，增强市场竞争力。

——设计定位

热河皇庄品牌设计深入挖掘承德热河地区历史底蕴，巧妙融合皇家特色与本地元素，塑造出独特且富有文化内涵的品牌形象。此举旨在赋予产品深厚历史文化内涵，吸引消费者目光，拓展市场空间，提升企业的经济效益与市场竞争力。

——设计过程

1.标志设计

在当今市场经济高速发展的背景下，企业应深化品牌意识，将标志设计与品牌发展紧密结合。运用艺术手法，为品牌注入独特魅力，推动其完善与发展，进而在激烈的市场竞争中崭露头角。

方案一：经与品牌方深入沟通，得知热河皇庄品牌承载皇家御用良田之深厚历史。设计中巧妙融入牌匾元素，与文字交相辉映，彰显品牌独特魅力与历史底蕴。

方案二：以乾隆御笔"热河"为创意之源，其书法独特，识别性强，彰显品牌魅力。标志下融入水元素，凸显热河地域特色。"皇庄"二字受清代玉玺启发，设计简约大气，融合皇宫布局精髓，展现皇家风范。整体以红黄为主色调，既彰显皇家特色，又寓意品牌繁荣兴旺，充满生机与活力。

方案三：标志设计融入避暑山庄建筑元素，展现独特屋檐形态，寓意产品品质步步高升，深受消费者喜爱。菌类植物与如意结合，既起装饰作用，又寓意美好祝愿。金黄色象征明亮、丰收、温暖与崇高，体现皇家特色，激发消费者食欲，彰显品牌特色，提升市场竞争力。

热河皇庄

2.标志的修改与确立

企业标志设计集企业形象之精髓，融合经营、文化、精神及特质。传统社会文化与现代中国元素为设计提供了灵感与基础。经与品牌方沟通，选定方案二并优化，精准满足其需求。

改进中，融入食用菌元素凸显产品特色，以云纹特征为标志增添优雅古朴气质。设计蕴含"如意"寓意，象征企业事业顺遂，寓意吉祥美好。标志汲取乾隆御笔"热河"精髓，融合皇宫中正、威严之美与食用菌特征，展现承德文化魅力。红黄主色调彰显皇家尊贵，寓意企业繁荣兴旺、积极向上。

经过完善后的方案二，更加贴合品牌方的要求，也更能体现企业的独特魅力和文化内涵。

乾隆御笔	+	皇宫的中正、威严	+	食用菌特征	=	热河皇庄
皇家特色		品质的严谨		企业特色		

3.图形设计

包装图形作为商品信息传达的关键媒介，对吸引消费者目光、激发消费者的购买兴趣具有举足轻重的作用，能有效推动消费行为的产生。同时，包装图形也为消费者带来独特的审美享受，使购物过程充满艺术气息。在热河皇庄品牌标志确立后，我们着手绘制包装图形元素，力求通过精致的设计进一步凸显品牌特色，提升产品附加值。

第一步，对十三种菌菇进行了细致的绘制。首先，运用部分写实的手法，采用流畅的大线条勾勒出菌菇的整体形态，将它们组合成紧凑而和谐的图形。接着，运用素描的基本技巧及阴影效果，为菌菇增添了光影的层次感。这样的设计既保留了素描的细腻表现形式，又融入了卡通插画的图形特征，使整个画面既具有现实感，又不失趣味性。

在图形的设计过程中，采用了"加法"的设计理念，通过多元视觉要素的巧妙组合，形成了独具特色的作品形式。运用线描手法，精细地描绘出各种杂粮的结构与形态，同时融入版画元素，以更加细腻的方式展现它们的结构和动态，使整个设计更具表现力和感染力。此外，采用局部特写的手法，精准地表现出植物与杂粮之间的微妙关系，进一步提升了包装的艺术性和吸引力。

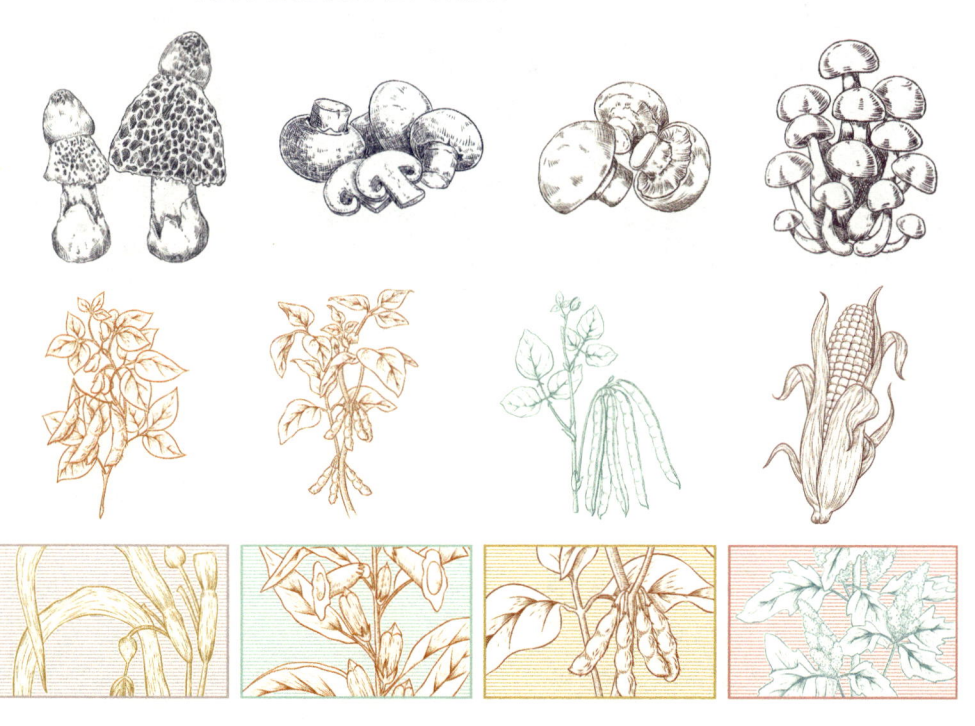

4.图形与文字的组合

深入分析包装图形与文字，确保精准传达商品信息，便于消费者理解。菌菇包装融入牌匾元素，彰显皇家庄园气势，同时精心安排图形、文字与图案的排列，使包装艺术感与文化底蕴并存。杂粮包装则采用国潮风格，运用装饰线进行修饰，展现皇家品牌的繁复与庄严。在设计中，仔细研究点、线、面的组合，使其既保持秩序感，又突出文字重要性。包装元素作为消费者感知商品的关键，直接影响购买决策。因此，通过精心组合包装元素，能够吸引消费者目光，为产品赢得更多市场机会。

5.选择材料与色彩设计

绿色包装理念强调减少过度包装，力求精简包装材料，降低包装成本，从而节约宝贵的资源。基于这一理念，热河皇庄系列包装选定了以塑料瓶身和真空米砖为主体的瓶贴设计，以及大小适中的杂粮包装盒设计。这些包装不仅便于运输，更集美观与实用于一体，简约而不失优雅。它们充分展现了热河皇庄有机农产品天然与淳朴的特质，同时也满足了消费者多样化的需求。

包装标签直接展示产品信息，应清晰标注名称、详情及相关图形。设计需考虑包装形式，合理安排瓶贴与纸盒元素布局，确保每种包装独特和谐地展现产品特色，提供直观的购物体验。

包装盒系列包括专为菌菇和杂粮设计的大小不同的款式。设计始终遵循发展循环经济的原则，对商品包装进行严格规制。本次包装选用了市面上广泛使用的纸盒材质，价格亲民且设计轻巧美观，简洁大方。由于食用菌已经过脱水处理，而杂粮砖采用真空包装，食品本身已具备良好的运输性能，因此在包装材料的选择上，无须过于严苛，这既能最大限度地减少环境污染，也能降低商家的包装成本；既符合大众消费需求，又能有效增加企业利润，实现经济效益与环境效益的双赢。

6.色彩设计

色彩在包装设计中扮演着关键角色，能够迅速直观地传递信息。在当今信息化时代，色彩超越了语言的界限，深刻影响着人们的感受与心理。经与品牌方深入沟通，菌菇包装选用明亮纯净色系，以期瞬间吸引消费者目光；杂粮砖包装则采用朴素多样的配色，确保每种杂粮特色鲜明，增强视觉传达效果，激发大众的购买欲望。

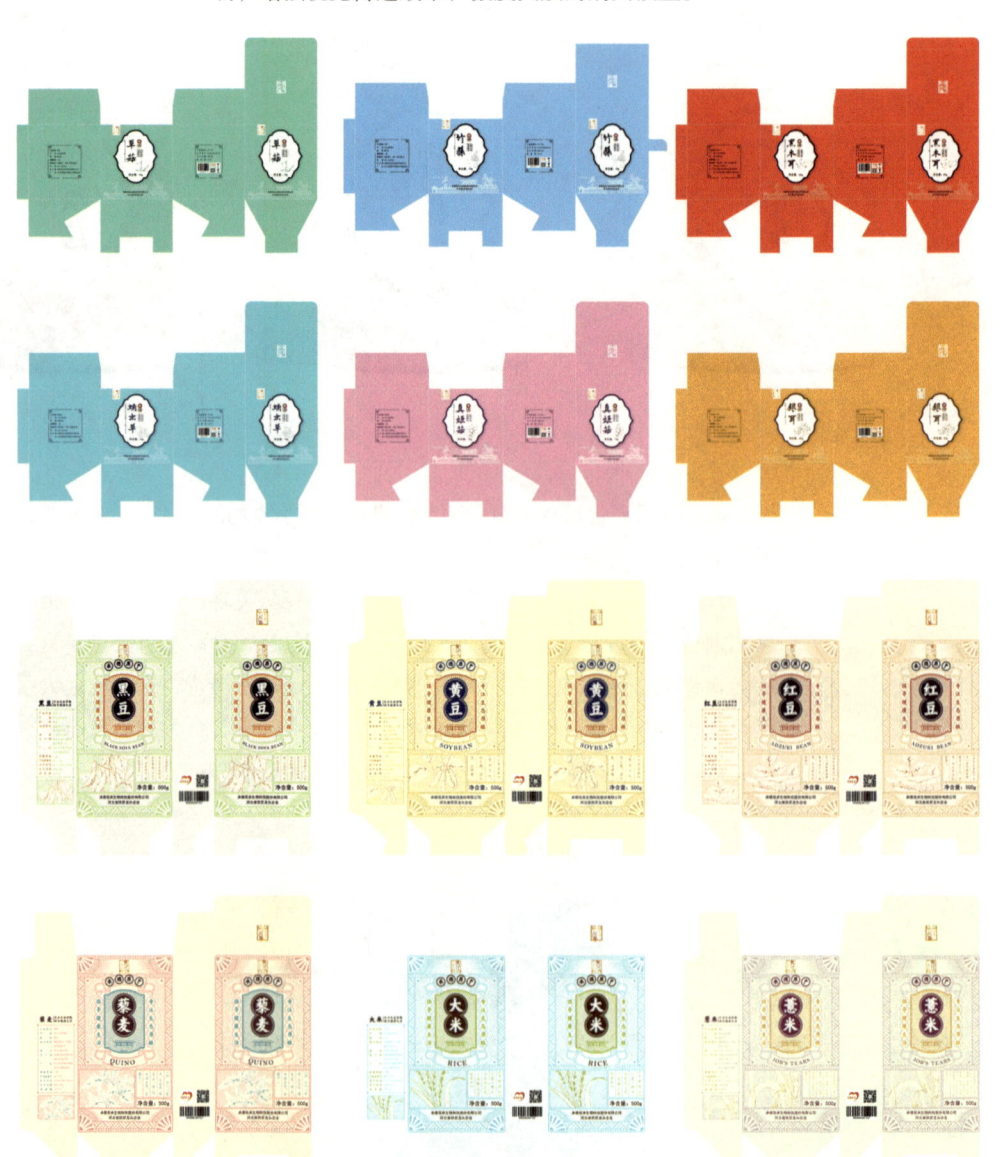

—— **设计展示**　　这些包装设计精准把握消费者需求，展现人性化设计理念。从醒目标志到精美包装，细节独特，提升产品整体形象，为消费者留下深刻印象。

4.6 承德市庆有鱼生态农业发展有限公司品牌形象设计研究与实践

——设计背景

庆有鱼生态农业发展有限公司作为新兴的生态农业领域中的佼佼者，肩负着塑造独特企业形象、提升市场影响力的使命。在这个竞争激烈的市场中，如何突出重围，展现公司的核心价值和特色，成了亟待解决的问题。我们致力于通过深入研究和精心策划，为公司打造一套独具匠心的企业形象，从而确保其在市场中独树一帜。

——设计目标

项目致力于为庆有鱼生态农业发展有限公司打造一整套视觉形象系统，旨在规范和统一公司的各个系统以及宣传形象，确保公司内部的每一个职能部门能够明确职责、高效协作，共同推动公司的稳步发展。通过精心设计的标志和VI手册，全方位展现庆有鱼公司的独特魅力和核心价值，进一步提升其在市场中的知名度和影响力。

一个成功的视觉形象系统不仅能够增强公司的品牌辨识度，还能激发员工的企业归属感和自豪感。因此要格外将注重细节，力求在每一个设计元素中融入庆有鱼公司的文化理念和生态环保精神。

——设计明细

庆有鱼生态农业发展有限公司的视觉形象设计涵盖了基础与应用两大系统，设计内容丰富且全面。基础系统设计共包含29项内容，主要聚焦于标志的使用规范、标准色彩的选择、标志与文字的组合，以及辅助图形的设定，旨在确保标志的清晰、统一和易于识别，同时传递出公司的品牌理念和核心价值。

应用系统设计则更为广泛，涵盖了56项设计内容，包括办公系统、广宣系统、会议系统、多媒体办公系统、旗帜系统、环境系统以及其他用品等，旨在将基础系统的元素灵活应用于公司的各个层面，从办公环境到广告宣传，从会议布置到多媒体展示，都体现出庆有鱼生态农业发展有限公司的独特风格和品牌形象。

―― 设计调研　　当前农业类企业的标志设计，呈现出多元化的特点，具体可从以下几个方面进行深入剖析：

首先，图形标志中，元素的选择往往紧扣农业的核心元素，如麦穗、叶子、稻米、山水、田地等。这些具象化的元素能够直观、生动地传递出农业的气息，使消费者一目了然地感受到品牌与农业的紧密联系。

其次，有些标志则采用抽象的图形符号作为设计元素。这种设计方式赋予了标志更丰富的内涵和更广阔的想象空间，使品牌形象更具艺术性和独特性。

再次，文字类标志在农业类企业中也不乏其身影。这类标志通常以简洁明了的文字形式呈现，不仅传达信息明确，易于识别，还带有一种文艺的气息，使品牌形象更加新潮、年轻化。

最后，在色彩运用方面，农业类标志通常以绿色为主色调，象征着生态农业和食品安全；以黄色为辅助色调，寓意着农业丰收的喜悦和成果。这样的色彩搭配符合农业的行业属性，能有效地吸引消费者的注意力。

在繁多的标志设计中，想要脱颖而出，就需要打破常规，让平凡的标志焕发出不平凡的光彩。这需要在设计过程中不断创新，结合企业的独特文化和理念，打造出既符合行业属性又具有独特个性的标志形象。

―― 设计定位　　首先，庆有鱼生态农业发展有限公司的形象设计定位应凸显其生态农业的特色。在标志设计中应加入自然生态元素，如绿叶、水等，色彩上以绿色为主色调，展现出庆有鱼生态农业发展有限公司的发展定位，这些设计元素也应传达公司产品的健康、安全、高品质等特性，以增强消费者对公司的信任感。

其次，设计定位还需体现公司的文化理念和发展愿景。庆有鱼生态农业发展有限公司的品牌名源自"吉庆有余"的吉祥寓意，既是对公司美好未来的期许，也是对消费者幸福生活的祝愿。因此，在形象设计中，可以融入鱼的形象，以富有创意的方式展现庆有鱼的品牌特色，同时传达公司追求和谐、富裕、美好生活的文化理念。

最后，设计定位还应注重与市场的契合度。通过对目标消费群体的喜好、需求和消费习惯进行深入分析，确定适合公司的设计风格和市场定位。

设计分析

"庆有鱼"这一品牌名来源于中国传统成语"吉庆有余",巧妙地融合了传统文化与商业理念,清晰地描绘了庆有鱼生态农业发展有限公司的发展愿景。其所蕴含的吉祥、庆祝与富饶的祝愿与生态农业追求绿色、健康、和谐的理念高度契合,进一步凸显了品牌的独特性和市场定位。

品牌名的每一个字都承载着深厚的文化内涵,"余"以"鱼"代,既体现了中国文化的博大精深,也为品牌注入了更多的情感色彩和生活气息。这种富有情感寓意的命名方式能够让消费者产生更强烈的情感共鸣和品牌认同。同时,巧妙地融入"鲤鱼跃龙门"的典故为"庆有鱼"增添了积极向上的精神内涵,象征着公司不断追求卓越、勇攀高峰的企业精神,展示了公司对未来发展充满信心和期待。这种积极向上的品牌形象将吸引更多志同道合的消费者,共同推动生态农业的繁荣发展。

视觉形象设计在传达设计内容给受众方面扮演着至关重要的角色。特别是标志设计,作为企业文化的集中体现,其设计尤为关键。庆有鱼生态农业发展有限公司选择了图形标作为表现形式,这种直观且富有吸引力的方式能够迅速吸引受众的目光。

为了体现公司的生态农业定位,在标志设计中,巧妙地融入了叶子和麦穗等象征农业的元素。这些元素经过精心组合,既体现了企业的精神理念,又为标志增添了生动与活力。

通过这一设计,我们成功地将庆有鱼生态农业发展有限公司的独特气质和文化内涵融入标志之中,使其成为一个既具有辨识度又富有内涵的视觉符号。这样的标志不仅能够有效地传达公司的品牌形象,还能够为公司的长远发展奠定坚实的基础。

—— 设计过程

1.标志设计释义

logo巧妙地融合了鱼、叶子、小麦元素，呈现出简约而大气的形象，充满活力与动感。绿叶不仅象征着生机勃勃的自然力量，也寓意庆有鱼公司的茁壮成长与无限活力。小麦形象生动地诠释了生态农业，突显了庆有鱼产品的营养与健康价值。鲤鱼作为"庆有鱼"的核心元素，不仅代表着富足与吉庆，还强化了品牌辨识度。

整个标志以绿色为主色调，传递了"庆有鱼"产品的绿色健康理念，彰显了生态农业的环保与可持续精神。这一设计不仅独具匠心，在细节中也展现了庆有鱼公司的企业文化与价值观，成为其品牌形象的有力支撑。

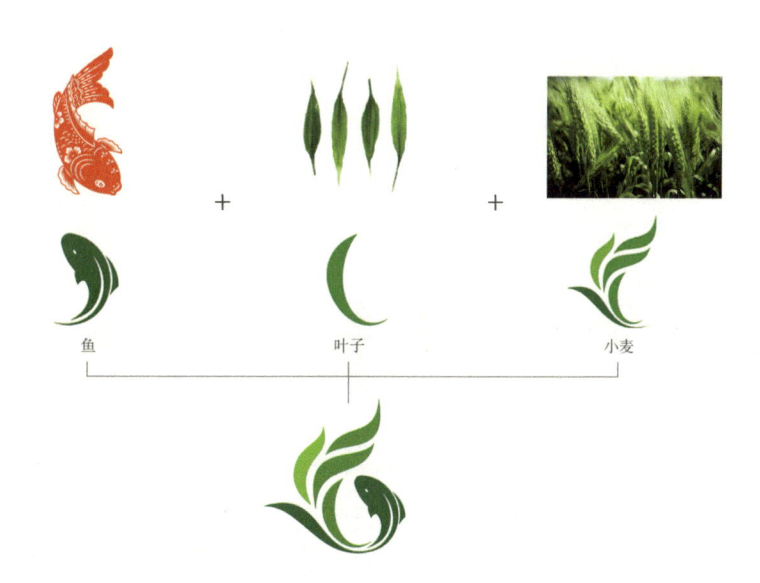

2.色彩设计

色彩设计能够辅助标志更好地展现其独特气质与形象，为受众者带来更为直观的视觉感受，进而对消费者的购买决策产生积极影响。在庆有鱼标志的色彩设计中，我们根据公司定位精心选择了主色调。深绿色作为主色调，使整个标志显得沉稳而大气；浅绿色则作为点缀，为标志增添了一抹清新与生动。同时，浅色的嫩叶形象不仅代表了企业的茁壮成长，还寓意着公司充满生机与活力。这样的色彩设计不仅符合庆有鱼生态农业发展有限公司的定位，更能够吸引消费者的目光，提升品牌形象。

CMYK 47/01/96/00　　CMYK 88/47/100/11　　CMYK 00/00/00/85

为了丰富庆有鱼整个视觉形象，设计时在选择辅助色时选用了浅绿色、深绿色、深灰色、浅灰蓝、翠绿色等颜色。这些颜色的选取都与农业相关联，同时，还可以缓解受众者的视觉疲劳，给人一定的新鲜感。

CMYK 04/23/42/00　　CMYK 11/46/84/00　　CMYK 06/62/95/00　　CMYK 10/90/87/00

CMYK 33/23/10/00　　CMYK 81/27/62/00　　CMYK 81/39/20/00　　CMYK 89/61/07/00

3.字体设计

标准字的设计需紧密依托标志的风格形象,利用形的相似性,将鱼头上的一笔创新地设计成一片叶子。这一设计既与标志形成了有机联系,又赋予了标准字独特的创意,凸显了标志与标准字之间的和谐统一。最终,通过精心组合,标志与标准字完美融合,整体更加稳定、完整,呈现出年轻、沉稳、大气的特质。既提升了标志的辨识度,又可以展现庆有鱼生态农业发展有限公司的独特气质与形象。

4.辅助图形设计

辅助图形设计在企业形象构建中占据举足轻重的地位,它不仅丰富了企业的视觉表现,更在统一公司对内对外形象方面发挥着关键作用。对于庆有鱼而言,其辅助图形设计巧妙地源自标志,两条鱼共同组成太极的形式,寓意生生不息、不断发展,与标志形象保持高度一致,联系紧密。为了适应不同场合的应用需求,在将鲤鱼尾巴与绿叶结合生成的辅助图形二中,绿色生态的概念再次被强调,从而有效凸显品牌的独特魅力。这样的设计策略不仅强化了品牌识别度,更在细节中传递出企业的核心价值和文化特色。

辅助图形一　　　　　　　　　　　辅助图形二

设计展示 —— 整体设计致力于实现应用部分与基础部分的和谐统一，通过精心设计和巧妙构思，展现出公司独特的视觉魅力，进一步彰显其卓越的精神风貌。这种视觉形象的塑造不仅有助于提升公司的知名度和美誉度，更能够不断扩大公司的影响力，为公司的发展注入新的活力。

在色调的选取上，特别选用了绿色。绿色象征着生机与活力，与庆有鱼公司致力于生态农业发展的理念不谋而合，进一步强化了公司的品牌形象，彰显出其坚定不移地追求绿色、环保、可持续发展的信念。

在办公系统的物料设计上，同样注重环保与绿色的理念。以笔记本为例，选用了优质的牛皮纸材料，这种材料不仅环保可再生，而且触感舒适，能够为用户带来更加愉悦的使用体验。同时，这种材质的选择也进一步体现了我们对环保、绿色理念的坚持和追求，让公司的品牌形象在每一处细节中得以彰显。

1.宣传系统

对外宣传作为提升公司形象、扩大影响力的关键手段，涵盖了广告牌、企业旗帜等多种形式。这些宣传媒介不仅能够有效展示庆有鱼公司的精神风貌，更能深刻影响消费者的购买决策。在庆有鱼灯牌的设计中，特别注重色彩与内容的搭配。边框选用了象征公司理念的绿色，这一色彩既与公司形象相契合，又能在众多灯牌中脱颖而出，吸引行人的目光。同时，为了避免设计过于花哨，选用了简洁的白色背景，并在其上横置公司标志，既凸显了主要内容，又保持了整体的和谐与统一，设计简洁明了，实现了宣传的主要目的。

2.导向系统

导向系统不仅具备指引方向的基础功能，更是展现企业优秀面貌的重要窗口，每一处设计都需独具匠心，充分展现企业特色，从而形成企业独特的视觉符号，增强品牌的传播力和辨识度。在庆有鱼公司的导向牌设计中，始终秉持简洁大方的设计理念。例如，在楼层标识牌的设计中，将主要传播内容"A-1F"置于视觉中心，庆有鱼的标志则静置于下方，两者居中对齐，同时融入辅助图形，并适度调整其透明度，使整体画面既富有秩序感，又显得简洁明快。而在门牌的设计中，将庆有鱼的标志缩小后放置于左上角，以避免干扰主要传播内容，同时将"总经理室"置于画面核心位置，门牌号与其上下居中对齐；背景色选用绿色，与庆有鱼的形象特色相呼应，使整体风格更加统一和谐，提升了导向系统的实用性，更展现了庆有鱼公司的独特魅力。

在庆有鱼视觉形象设计中，秉持简洁而大气的风格，巧妙地将小物体放大，展现其磅礴之势，同时又将大物体精雕细琢，呈现出极致的精致感。整体色调以绿色为主，既统一了设计风格，又凸显了庆有鱼生态农业发展有限公司的特色形象。为了进一步增强设计的精致感，特别选用了叶子的辅助图形，让每一个细节都焕发出生机与活力。

在竞争激烈的生态农业市场中，一个具有吸引力和独特性的视觉形象设计可以使庆有鱼生态农业发展有限公司脱颖而出，吸引更多消费者的关注和选择。同时，视觉形象设计也是公司与其他企业区分开来的重要手段，有助于提升公司在市场中的竞争力。

4.7 承德市九鼎御生态农业发展有限公司品牌形象设计研究与实践

设计背景

承德九鼎御生态农业发展有限公司位于河北承德丰宁县鱼儿山镇，隶属于承德市国营鱼儿山牧场，成立于2019年，为新型现代农业公司。

设计目标

九鼎御品牌要想在市场中脱颖而出，就必须展现出独特的创新之处。这不仅体现在设计的原创性上，更体现在品牌符号的独特性和消费者记忆的便捷性上。为了区别于其他农业公司，依据"九鼎御"名称的由来进行符号化的处理。符号化不仅有助于提升品牌的辨识度，还能使品牌更贴近消费者，增强消费者对品牌的记忆。结合九鼎御的品牌故事、文化内涵和核心价值，创造一个独特且易于记忆的符号。

设计明细

承德九鼎御生态农业发展有限公司需设计一套独特的标志、标准字体以及配套的办公与活动用品。

设计调研

承德农业公司成长中常忽视视觉形象塑造，过度依赖产品质量，忽视品牌形象。在激烈的市场竞争环境下，其标志设计陈旧、无创意，难以展现企业的独特文化。这种现状不仅影响了企业的市场形象，更在一定程度上阻碍了企业的长远发展。一个成功的品牌形象，应当能够精准地传达企业的价值观和文化特色，与消费者建立深厚的情感联系，进而提升品牌的整体竞争力和市场影响力。

因此，承德地区的农业公司必须深刻认识到品牌形象建设的重要性，从标志设计这一基础环节入手，打造与公司文化和内涵高度契合的视觉形象。通过优化和更新标志设计，展现企业的独特魅力和文化价值，从而在激烈的市场竞争中脱颖而出，为公司的长远发展奠定坚实的基础。

—— 设计定位

对于九鼎御的视觉形象设计，我们将传统农业智慧与现代设计理念相融合，同时深入洞察消费者心理，结合地域特色、传统纹样以及现代设计手法，打造独具一格的品牌形象。承德九鼎御生态农业发展有限公司定位于中端生态农业市场，旨在为广大消费者提供日常食用的绿色、安全农产品。品牌形象立足于承德本地，传递出健康、自然的理念。

—— 设计过程

1.标志设计

九鼎在古代是至高无上的权利、繁荣昌盛的象征。"昔有黄三鼎，周之九宝，咸以一体，使调一味。"在后世发展中，鼎文化不断被人们重视。后来，鼎还指诚信、声望，表示一个人的信誉，声名九鼎重，冠盖万夫望。这些文化内涵和精神内涵都是承德九鼎御生态农业发展有限公司所秉持的。而御是对帝王所作所为和所用物的敬称，所以，结合调查和搜集资料，确定将九鼎御视觉形象中加入鼎元素和象征帝王的龙的元素，以"九"字来表示公司，鼎表示庄严肃穆、海纳百川的企业态度，象征帝王的龙元素表示公司产品的质量，三者结合组成公司的视觉形象，用设计的语言提炼三种元素进行简洁化、现代化的处理，使得公司形象既能符合现代人们的审美，又能很好地体现公司的传承精神。

标志设计以一种独特的方式将公司的信息符号化。在为九鼎御生态农业发展有限公司设计标志的过程中，前两个方案虽然简洁明快，成功融入了鼎元素和"九"字，但整体形状略显狭长。我们对方案进行了调整，力求更加简练。调整后的标志保留了"九"字和鼎元素，增添龙的元素来体现"御"的威严，增加设计的丰富性和象征意义。初次尝试将龙元素融入标志时，设计显得有些笨拙，龙与"九"字的结合并不够自然流畅。特别是"九"字与龙首外框的组合，显得沉重且缺乏形式美感。为了解决这一问题，将"九"字的尾笔画与龙形共用，简化了设计，同时对龙首进行了圆润处理，为其增添了几分灵动。

标志整体简洁大方，不仅深刻体现了公司的文化内涵，还将鼎元素、龙元素与"九"字巧妙地融为一体。其中，"九"字采用了汉印的书写风格，龙首处的圆润转角让龙的形象更加生动，而底部的方角设计则为整个标志增添了一种稳重感。

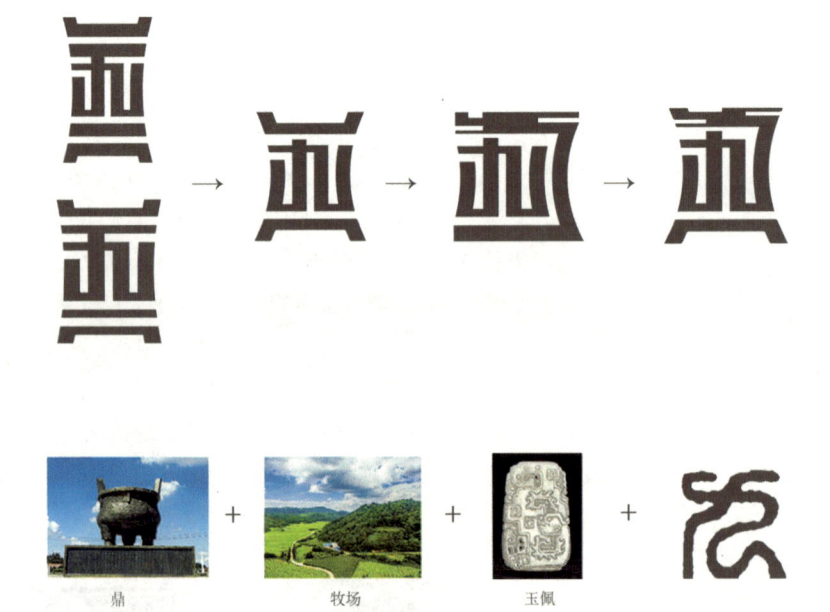

2.标准字体设计

九鼎御标准字体的设计，可谓是对公司名称的一次深度打造，其目的在于与品牌标志风格形成高度统一，共同塑造出九鼎御独特的品牌形象。在设计之初，深入研究了方正大黑体和旁门正道标题体的风格特点，以期从中汲取灵感，为九鼎御标准字体的设计提供有益的参考。然而在初步的尝试过程中，发现直接套用这些字体并不能完全契合九鼎御的品牌形象。因此决定在保留这些字体风格精髓的基础上，结合九鼎御的品牌特色和文化内涵，进行更为细致和深入的调整与优化。最终打造出既符合品牌标志风格，又独具九鼎御特色的标准字体，为公司的品牌形象塑造注入了新的活力。

为了确保标准字与品牌标志风格相得益彰，对部分笔画进行了细致的调整与修改。在修改过程中，注意到初始设计的字体显得过于粗重，尤其是"九"字和"御"字，它们与整体风格之间存在明显的不协调之处。"九"字的斜笔画突兀的线条与整体风格显得格格不入。因此，我们针对这些问题进行了精心的调整，力求使标准字与品牌标志风格达到和谐统一，更好地展现九鼎御的品牌形象。

为了解决这一问题，对字体进行了整体的细化处理。然而，在细化后，发现"御"字的右半部分仍然显得不够协调，影响了字体的和谐统一。因此，进一步对"御"字的右半部分进行了闭合处理，使其更加符合整体风格，同时还调整了"九"字的左右距离，以确保三个字在视觉上大小相似，形成更加和谐统一的视觉效果。通过这些调整，标准字与品牌标志风格的协调性得到了显著提升，更好地展现了九鼎御的品牌形象。

最终呈现的标准字，不仅与标志风格保持一致，还通过字角的圆润处理，使标准字看起来更加活泼、灵动。这一设计既体现了九鼎御品牌的稳重与大气，又赋予了其独特的个性和活力，为品牌形象注入了新的生命力。

3.色彩设计

在设定九鼎御生态农业发展有限公司的标准色时，进行了深入而细致的研究，旨在找到能够最精准地代表公司核心价值的色彩。我们充分考虑了九鼎御所在地的自然环境特色和行业属性，特别关注了承德地区以山区为主的地理环境特点，希望能够从中提取出独特的色彩元素。同时，我们也结合了中国传统文化中"鼎"这一元素的铜绿色，以期在标准色中融入更多的文化元素。

　　经过多轮的挑选和打磨，我们最终确定了九鼎御生态农业发展有限公司的标准色为"九鼎绿"。这一色彩不仅与公司的生态环保理念高度契合，而且能够凸显承德地区独特的自然风貌，使公司的品牌形象更具地域特色。同时，"九鼎绿"还蕴含着丰富的文化内涵，展现了公司对传统文化的尊重与传承。

　　"九鼎绿"作为公司的标准色，不仅提升了公司的品牌形象，在视觉上给人带来了清新、自然的感觉，而且符合公司的行业属性，能够引发消费者的共鸣，增强他们对公司的认同感和好感度。

九鼎绿	#006034 RGB 00/96/52 CMYK 90/51/100/16
标准色	#2d853a RGB 45/133/58 CMYK 80/33/100/00
辅助色	#6cb145　RGB 108/177/69　CMYK 62/08/89/00 #e29910　RGB 226/153/16　CMYK 11/47/95/00 #686767　RGB 104/103/103　CMYK 00/00/00/74

九鼎御
JIU DING YU

128

4.辅助图形设计

辅助图形的设计，是对九鼎御标志内涵的深化与拓展，旨在进一步巩固并强化公司的品牌形象。其设计初衷不仅在于传递公司的核心价值与理念，更在于为公司的形象宣传及衍生品制作提供有力的视觉支持。在设计过程中，始终保持辅助图形与标志风格的协调统一，力求在视觉呈现上达到和谐统一的效果。同时也充分考虑了辅助图形在衍生品应用中的实际效果，以确保其在各种场景下都能展现出良好的视觉效果，为公司形象的提升和品牌的建设贡献力量。

第一种辅助图形设计，直接采用了标志中的一部分元素——似鼎的底座，又似古代的桌子。这一设计不仅保持了与标志的连贯性，而且通过其稳重、厚重的形象，传达出九鼎御品牌的坚实与可靠。

第二种辅助图形设计，则是对标志底部图形的对称延展。所得图形似盾，又似印记，既体现了企业的品质如盾般坚固，又寓意着九鼎御品牌在消费者心中留下的深刻印记。这种设计不仅丰富了品牌形象的表达，也为其在衍生品中的应用提供了更多的可能性。

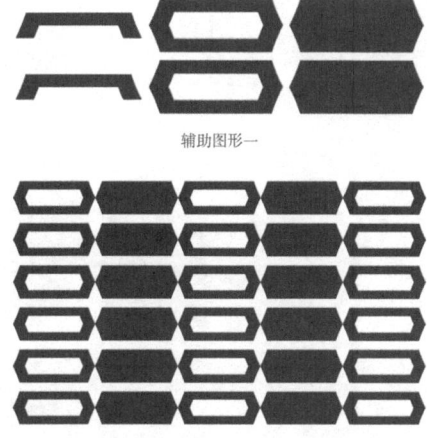

辅助图形一

辅助图形二

—— 设计展示

1.办公与会议系统

在九鼎御生态农业发展有限公司的视觉形象设计中，办公与会议系统作为应用系统的重要构成部分，其设计旨在紧密依托基础系统，通过精心策划与巧妙运用辅助图形，凸显公司的独特气质与特色。这一设计策略不仅实现了办公环境的统一与和谐，更在细节之处彰显出公司的品牌魅力，为公司的形象塑造与文化传播注入了新的活力。

数字文创产品与品牌设计

在办公和会议系统的设计中，九鼎御生态农业发展有限公司的辅助图形元素得到了充分而巧妙的运用。这些图形元素不仅具有强大的视觉冲击力，更能够深刻传达公司的价值观与文化内涵。通过精心策划与布局，将这些元素有机地融入办公用品、会议材料等多个方面，成功打造出一个既彰显公司品牌形象，又充满生态、环保氛围的办公环境。

2.服装系统

服装系统的设计充分融合了九鼎御生态农业发展有限公司的辅助图形元素，旨在实现公司视觉形象的统一与和谐。通过设计统一的服装，不仅展现了公司的独特风貌，而且在无形中增强了员工的企业意识，提升了企业的凝聚力。这套服装系统不仅是对外展示公司形象的重要载体，更是对内传递企业文化和价值观的重要桥梁。

3.其他衍生品

衍生品设计在视觉形象中作用重大，既广泛运用公司视觉元素，又深入展现品牌文化于生活、工作中。九鼎御生态农业发展有限公司的衍生品，作为公司视觉形象的延伸，结合辅助图形，有效展现公司独特文化内涵。

这些衍生品不仅丰富了公司的品牌形象，更在无形中增强了员工对企业的认同感与归属感。同时，它们也是品牌与消费者之间的桥梁，通过在日常生活中的使用，深化了消费者对九鼎御生态农业发展有限公司的认知，进一步提升了企业的影响力。

4.8 承德市文化创意产品研发中心视觉形象设计研究与实践

—— 设计背景

承德市文化创意产品研发中心成立于2020年，依托河北民族师范学院，立足承德避暑山庄皇家文化和满蒙文化，旨在打造地方特色鲜明、民族文化浓厚，集产、学、研、创、用于一体的文化创意产品研发中心。2020年12月，承德市文化创意产品研发中心被承德市科技局批准为市级研发中心，2022年被评为国家科普教育基地。为提升中心整体的对外形象，需完成整套的视觉形象系统设计。

—— 设计目标

通过对承德市文化创意产品研发中心的视觉形象设计，建立独具特色的文创中心视觉形象，让传统文化在文化创意产品研发中心的推动下重新焕发出生机与活力，走出自己的特色，推动地域经济发展，提升研发中心的影响力。

—— 设计明细

承德市文化创意产品研发中心视觉形象设计课题研究内容包括基础要素和应用要素设计。其中基础识别系统设计内容有26项，主要分为标志的设计、使用规范、组合规范、标准色和辅助色，以及辅助图形的基本使用形式和应用延展。应用识别系统设计内容有54项，主要分为办公系统、印刷出版物系统、广告系统、多媒体办公系统、办公环境系统，以及其他用品。

—— 设计调研

课题组前期搜集了大量的文创类的标志设计，并进行了整理和分析。山东省文化创意设计行业协会的logo是通过英文简称组成的"创"字，使整体更加简洁大气。台北文创记忆中心的logo以台湾地区日常文化风景常见的三个色系作为基调，即寻常百姓家中窗户的绿、亮眼招牌的红以及纵横全台地区铁路的蓝，以信用卡、存折背后的"磁带"为灵感，试图重新定义"记忆"于现在数字时代中的样貌。钟山文创的logo是由三个渐变的线条组成的"山"字，演变出一生二、二生三、三生万物的设计理念。故宫文创研发交流中心的logo是由故宫的形象所设计，图形运用了笔刷的手法，结合红色和黄色的渐变，使整体更加灵动。清东陵文化研究所的logo整体采用阴刻的印章手法，结合了图形加文字的创意组合方式，体现出对清东皇陵的文化研究。这些视觉形象大多是以图形加文字设计为主，颜色大多为红色，整体设计简洁大气、色彩新颖，具有时尚感和创新性，能够给人们留下深刻的印象。根据对文创中心视觉形象的调研和了解，选取相对应的地域文化元素,运用多种视觉表现方法是成功塑造文创中心视觉形象的关键。

—— **设计分析**

承德市文化创意产品研发中心的视觉形象设计应深入挖掘承德的地域文化特色，结合红山文化、皇家文化和传统民俗文化的精髓，通过图形、文字的创意点，打造独特且富有内涵的视觉形象。首先，借鉴国内其他文创中心的视觉形象设计案例，了解其设计思路、表现手法和风格特点。通过梳理这些案例，可以总结出一些共性的规律和特点，为承德文创中心的视觉形象设计提供参考和借鉴。同时，也要注重创新，避免简单地模仿和复制，形成具有承德特色的视觉形象。

其次，要注重地域文化特色的深入挖掘与呈现。承德拥有五千年的红山文化、三百年的皇家文化和丰富的传统民俗文化旅游资源，这些都是视觉形象设计的重要素材。在设计中，可以提取红山文化的玉器、陶器等元素，展现其古朴典雅的风格；融入皇家文化的宫殿、园林、服饰等元素，彰显其庄重华贵的气质；同时，可以结合传统民俗文化的剪纸、刺绣、舞蹈等艺术形式，展示承德文化的多样性和独特性。

最后，将承德的地域文化元素进行抽象化、符号化处理，形成具有辨识度和记忆点的图形符号。

陶瓷摆盘设计

———— 设计定位

　　承德文创中心的视觉形象设计定位，应紧密结合承德地域文化的精髓，通过深入挖掘其历史、人文、自然景观等独特元素，融入承德的地域文化特色，如避暑山庄的皇家园林风格、普陀宗乘之庙的藏传佛教建筑特色，以及坝上草原的自然风光等。通过提取这些元素的精髓，将其巧妙地融入文创中心的视觉形象中，使之成为承德文创中心的独特标识，塑造出具有地域性与独特性的视觉形象。同时需要把握好统一性与多样性的平衡。统一性体现在整体设计风格的一致性和品牌形象的连贯性上，使人们在看到相关视觉元素时能立刻联想到承德文创中心。多样性则体现在不同元素之间的差异性和互补性上，使视觉形象更加丰富多彩，满足不同受众的审美需求。

　　因此，承德文创中心的视觉形象设计定位应以地域文化为基石，通过凸显地域特色、提升主题文化与艺术品位、增强大众吸引力以及平衡统一性与多样性等策略，打造出具有独特魅力和广泛影响力的视觉形象。

———— 设计过程

　　1.标志设计

　　将地域文化融入标志设计中，可以形成标志的文化特色与内容上的文化升华。在承德市文化创意产品研发中心标志设计的过程中根据不同的风格设计出四套方案。

　　方案一：标志以"创"字和承德二字首字母"C""D"相结合，运用了蓝白色渐变的线条勾勒出"创"字轮廓，使整体更加简约。标志的色彩主要以蓝色为主，体现了新颖、时尚的现代感。

"创"字　　+　　创意思维　　+　　cheng de　　承德二字首字母"C""D"　　+　　creative　　创意、创造、创新

方案二：标志通过两个正方形左右相结合，以不同大小层次的演变，最终呈现出文创的"文"字和承德二字首字母"C""D"。在视觉中用规范化及简约线条的外部轮廓，传递出文创中心的现代感。

"文"字 + 回形纹 + 承德二字首字母"C""D"

方案三：标志通过矩形和线条的融入，演变出"文"字正负形的表现形式，中间的位置体现出承德二字首字母"C""D"。在标志设计的过程中，凭借正负空间的相互补充，形成有机的整体，在视觉上给人以形中有形的效果。

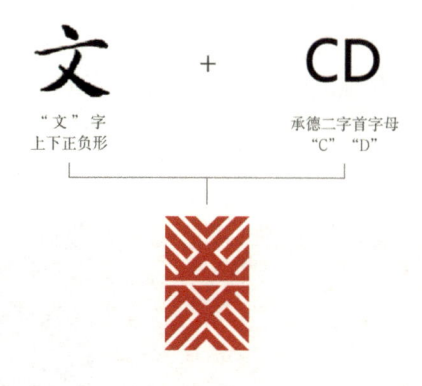

"文"字
上下正负形 + 承德二字首字母"C""D"

方案四：以"创"字为创作中心，融合了回形纹、承德二字首字母"C""D"和避暑山庄印鉴的表现形式。回形纹是中国传统的吉祥图案（八祥之一），表达了源远流长、生生不息、九九归一、止于至善的中华传统文化精髓。标志主要运用了红色，象征着积极、热情、权威，在视觉上体现高端、大气等特点。这一反映传统文化的标志，有利于扩展标志的设计思路，表现出标志的主体意图。最终，该方案确定为被采用方案。

| 避暑山庄印鉴 | + | "创"字 | + | 中国传统纹样回形纹 | + | 承德二字首字母"C""D" |

承德市文化创意产品研发中心
CHENGDE CULTURAL AND CREATIVE PRODUCT R&D CENTER

2.色彩设计

通过色彩元素的组合，可以增强人们的认同感，辅助建立良好的视觉形象。标志总体简约大方，代表着承德历史文化深厚，在视觉元素上体现出高端、大气、独有特色的文化创意产品研发中心形象。标志辅助色及辅助图形运用较为靓丽的颜色，展示出不同的动态，并打造出特点鲜明，具有新颖、时尚感的文化创意产品研发中心形象。

#c60027
RGB 230/00/039
CMYK 00/100/85/00

#221815
RGB 00/00/00
CMYK 00/00/00/100

Pantone 874 C/U
Gold

Pantone 464 C/U
CMYK 10/49/100/35

Pantone 158 C/U
CMYK 00/61/97/00

Pantone 576 C/U
CMYK 49/00/100/39

Pantone 660 C/U
CMYK 90/57/00/00

Pantone 633 C/U
CMYK 100/00/10/25

Pantone 562 C/U
CMYK 85/00/50/31

Pantone 877 C/U
Silver

3.辅助图形设计

优秀的辅助图形能协助核心符号营造出最为贴切的情境和氛围，提升视觉识别系统中其他基本元素的适应性，使整套VI更具表现力，从而更好地传达文创中心的设计理念。通过对标志整体进行了上下、左右的拉伸，得到了辅助图形的基本形状，能够有效地展现在应用部分上。通过辅助图形的基本形状延展出不同颜色的形态，得到新颖、时尚的现代设计感。

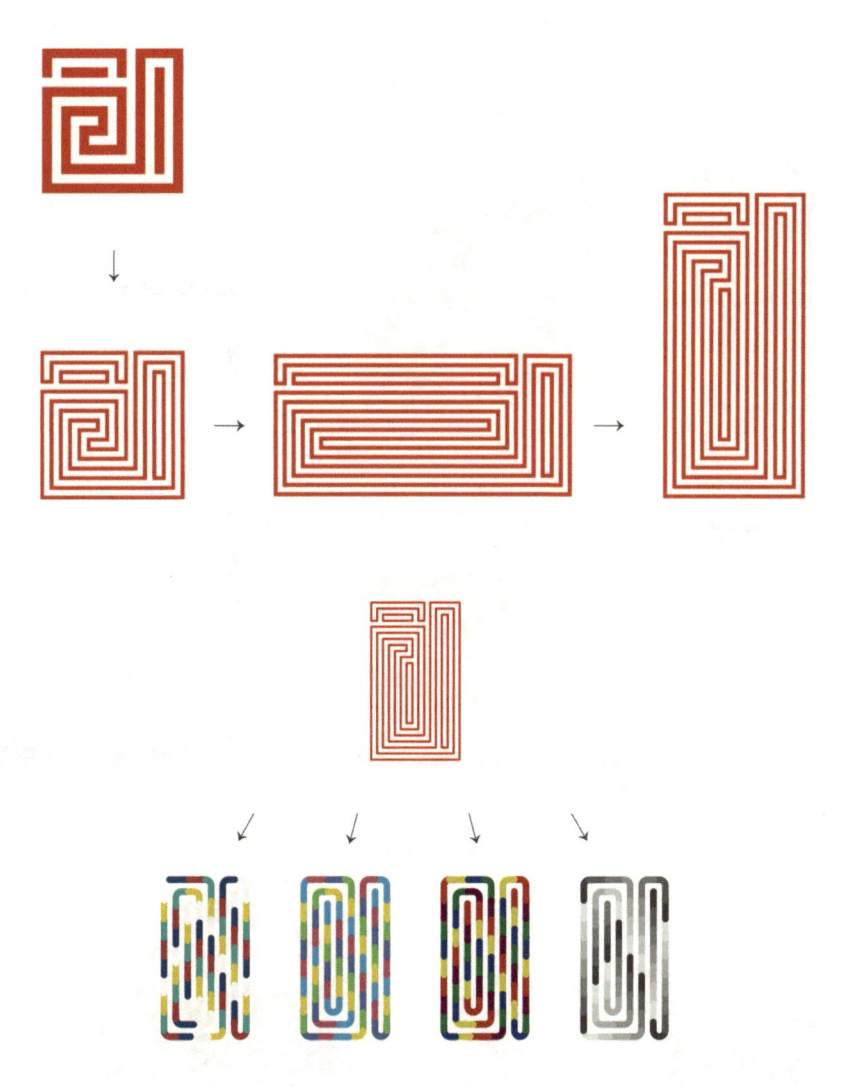

数字文创产品与品牌设计

设计展示

承德市文化创意产品研发中心的视觉形象设计是一项系统性的设计工作，它旨在通过统一的视觉元素来传达中心的核心理念、文化特色和价值追求。在整个视觉形象应用部分，识别性的贯穿对于衬托和提升中心的价值至关重要。

识别性是VI设计的核心要素之一。在承德市文化创意产品研发中心的视觉形象设计中，识别性主要通过标志和辅助图形来体现。标志作为中心的象征，具有高度的辨识度和记忆度，能够迅速传达中心的品牌形象。辅助图形则是对标志的补充和延伸，通过巧妙的组合和变化，丰富了视觉效果。应用部分还包括其他多种形式的宣传材料。例如，宣传海报、宣传册、宣传视频等，都可以运用标志和辅助图形来设计，以形成统一的视觉形象。这些宣传物料可以在不同的场合和渠道中使用，以扩大中心的影响力和知名度。同时在VI设计的应用系统设计中，需要注重与其他应用系统的协调与统一，以营造独特而不失个性的文化氛围和品牌形象。

4.9　承德市图书馆视觉形象设计研究与实践

———— 设计背景

承德市图书馆坐落于双桥区广仁大街路北7号，始建于1984年，1988年11月正式落成开放，并由赵朴初先生题字，承载着深厚的历史与文化底蕴。此次视觉形象设计，不仅是对这座拥有丰富馆藏资源的图书馆的全新诠释，更是提升其社会影响力的有力举措。通过独特的视觉元素和创意构思，图书馆的文化特色和吸引力得以充分展现，能够吸引更多读者前来探索知识的海洋。同时，这次设计也是对承德市图书馆的一次广泛宣传，旨在提升公众的阅读意识，推动阅读文化的深入发展。

———— 设计目标

承德市图书馆的视觉形象设计，不仅是对图书馆外在形象的全面升级，更是通过视觉形象识别系统建立起的一套独特且富有内涵的视觉系统。通过这套视觉形象识别系统，承德市图书馆得以在公众心中树立起一个更加鲜明、立体的形象，进而增强其在社会中的认知度和影响力。同时，这也为图书馆的文化传播工作提供了有力的视觉支持，有助于吸引更多读者走进图书馆，感受阅读的魅力。

———— 设计明细

通过对国内外较为成功的图书馆视觉形象的调研，了解到图书馆标志设计中多以图形标和字标为主，在进行视觉设计过程中，确定了承德市图书馆视觉形象设计的整体风格。承德市图书馆视觉形象设计课题研究内容包括基础系统和应用系统设计。其中基础系统设计内容有29项，主要分为标志的使用规范、标志的标准色彩、标志与文字的组合方式，以及辅助图形。应用系统设计内容有56项，主要分为办公系统、广宣系统、会议系统、多媒体办公系统、旗帜系统、环境系统以及其他用品。基础系统和应用系统设计共计85项。

—— **设计调研**

经过详尽的资料搜集与书籍查阅，我们深入分析了国内图书馆的视觉形象设计。通过对比分析，可以将现有设计概括为以下四种类型：

第一种类型是将图书馆的"图"字与城市名称相结合，通常以印章形式呈现，这种设计方式简洁明了。

第二种类型则是对繁体的"书"字进行再设计，将图书馆自身的文化内涵和特色巧妙地融入其中。这种设计方式既保留了"书"字的传统韵味，又通过创新的设计手法赋予了其新的生命力和表现力，使图书馆的文化底蕴得以充分展现。

第三种类型是将地域文化特色融入图书馆标志设计中，使得标志具有鲜明的地域特点和独特的文化内涵，能够凸显图书馆所在地的文化特色，增强读者对图书馆的认同感和归属感，同时也为图书馆的品牌建设注入了新的活力。

第四种类型则追求整体形象的简洁、扁平化和品质感。这类标志设计注重简洁明了的线条和图形，强调标志的延展性和包容性，使其能够适应不同的应用场景和传播渠道。这种设计方式不仅使图书馆标志更加现代、时尚，还提升了其整体品牌形象。

国外的图书馆视觉形象设计整体发展较为迅速，相较于国内，它们对视觉形象设计的重视程度更高。从国外图书馆的视觉设计来看，其标志主要可以分为两种类型：

第一种类型的图书馆视觉形象设计充满活泼的元素，色彩丰富多样，充满了生命力与活力，使图书馆成为一个更加受欢迎的文化交流场所。

第二种类型的图书馆视觉形象设计则更加注重可视性，不拘泥于行业色彩偏好或艺术形式。它们追求的是简洁明了、易于识别的视觉效果，以便在各种场合和媒介中都能够迅速传达出图书馆的品牌形象和信息。

综上所述，国外图书馆在视觉形象设计方面展现出了多样化和创新性的特点，无论是活泼型还是注重可视性的设计，都能够很好地展现出图书馆的文化底蕴和特色，为图书馆的品牌建设和传播工作提供有力支持。

设计定位

精准的设计定位对承德市图书馆视觉形象设计的成功至关重要，它直接关系到目标受众的感知与认同。在承德市图书馆的整体视觉形象设计中，标志作为核心元素，承载着贯穿图书馆宣传的重任。

首先，标志的主要形象应直观地反映图书馆的风格特征与文化底蕴。深入挖掘承德市图书馆的文化内涵与特色，将传统韵味与现代感相融合，设计出别具一格的标志形象，从而彰显承德市图书馆的独特风格。

其次，标志的设计需紧密关联承德市图书馆的相关信息展示。这包括图书馆的藏书特色、服务宗旨、开放时间等基本信息，以及图书馆在传播阅读文化、传承历史文化等方面的积极作用。

最后，承德市图书馆视觉形象设计的核心理念是以"构建承德人民的大书房"为出发点。这一理念凸显了图书馆作为公共文化空间的核心地位，致力于打造一个温馨、舒适、充满文化氛围的阅读环境，服务于广大市民。在标志设计中，应着重展现开放、包容、共享的精神内涵，使公众能够深刻感受到图书馆的温馨与魅力。

精准把握目标受众的需求和审美倾向，能够设计出既符合大众审美又具有独特个性的标志形象，进而提高图书馆的识别性和记忆度。这不仅有助于塑造承德市图书馆的品牌形象，还能吸引更多读者前来借阅学习，进一步推动阅读文化的普及与发展。

综上所述，准确的设计定位在承德市图书馆视觉形象设计中起着至关重要的作用。它不仅能够直观体现图书馆的风格特征与文化底蕴，而且是对图书馆历史与精神的传承，更是对公众文化需求的精准回应。

设计过程

1.标志设计

通过与馆方的沟通，明确了以国内图书馆的标志设计为参考的设计主方向，设计出四套方案进行选择。

方案一：传达与识别作用是标志中最为重要的作用。简化的图形与明了的文字，最能直接表达传达与识别作用。以图书馆的"图"字为设计元素，融合了承德的"承"字，体现内涵与文化特征。将清乾隆年间建立的文津阁和尊经阁的元素融入到标志当中，体现地域特点、悠久历史及文化底蕴。颜色主要运用红色与金色，红色象征热情、活泼、公开，金色象征着优雅。书籍和知识带给人们的无限精神能量充分反映了图书馆的文化内涵。

"承"字　　　　　　　　　"图"字　　　　　　　　　文津阁

承德市图书馆
CHENGDE CITY LIBRARY

方案二：设计时注入的图形化元素，形状不仅要巧妙、新颖，而且要合理恰当、识别性强，这样才更利于信息传播。标志从书架与书本演绎而来，将承德二字首字母"C""D"融入其中，更加简洁明了。标志色彩主要以蓝色为主色调，象征畅通、高效、发展，也象征着承德市图书馆开拓创新、追求卓越、奔向美好未来。

承德二字首字母"C""D"　　　　　　　　书架与书本

承德市图书馆
CHENGDE CITY LIBRARY

方案三：承德市图书馆标志运用简洁的线条与承德二字首字母"C""D"相结合呈放射状，突出了视觉的纵深感，开阔的视野聚焦体现出图书馆倡导全民阅读的开放性，以满足人民日益增长的精神文化需求。

承德二字首字母"C""D"　　　　　书　　　　　　阅读

承德市图书馆
CHENGDE CITY LIBRARY

方案四：承德市图书馆标志最终方案为方案四，标志将"承德"的首字"承"字与"图书馆"的首字"图"字相融合，两字相辅相成，作为标志的基本设计元素。为了体现图书馆的基本属性，在外形设计上整体形似翻开的书本。标志主要使用平静而大气的传统砖红色与书法字体，二者相得益彰。同时，标志的图形运用印章的形式表现出来，象征知识的权威力量。在藏书上钤盖印章是中国古代就有的传统，本设计与中国传统文化一脉相传，体现出图书馆的悠久的历史底蕴。

"承"字 + "图"字 + 翻开的书本 + 印章

承德市图书馆
CHENGDE CITY LIBRARY

2.色彩设计

在承德市图书馆的视觉形象设计中，色彩的选择与运用可谓匠心独运。鉴于图书馆深厚的历史底蕴，巧妙地选用了红色作为主色调，这一色彩根植于中国文化，象征着图书馆历经岁月洗礼、传承文化精髓的厚重历史感。同时，红色也以其鲜明的特点，为图书馆赋予了独特的文化内涵。

除了主色调红色外，穿插了简洁的白色与高贵的金色。白色以其纯洁无瑕，为整个设计增添了一份清新与雅致；而金色则象征着知识的价值，正如古人所言"书中自有黄金屋"，设计将知识与财富紧密相连，寓意深远。

#A40000
RGB 164/00/00
CMYK 00/100/100/40

#a9744c
RGB 169/116/76
CMYK 40/60/74/00

#af8a1d
RGB 175/138/29
CMYK 38/47/100/00

#f8b430
RGB 248/180/48
CMYK 00/36/84/00

#dbccae
RGB 219/204/174
CMYK 10/15/30/10

#a0a0a1
RGB 159/160/160
CMYK 00/00/00/50

#c9cacb
RGB 201/202/202
CMYK 00/00/00/30

#eeefef
RGB 239/239/239
CMYK 00/00/00/10

#adc8ca
RGB 173/200/202
CMYK 25/00/10/20

#385740
RGB 56/87/64
CMYK 80/57/80/23

#c7000b
RGB 199/00/11
CMYK 00/100/100/20

#4680aa
RGB 71/128/169
CMYK 74/42/20/00

3.字体设计

标志在整个视觉识别系统中尤为重要，因此拥有一个既符合形象定位又能使大众喜欢的标志至关重要。标志上的字体也会引起大众的情感反应，因此标志字体考虑到承德市图书馆的历史悠久性，保留了其馆舍原有的书法字体，既保留了馆舍历史的文化性，又使新的视觉形象不会让人们感到陌生。在英文字体的设计上，选择了无衬线体，简洁明了，具有现代感。

承德市圖書館
CHENGDE CITY LIBRARY

4.辅助图形设计

辅助图形延续了标志的特质和属性。因此将图书馆标志中的图形提取出来进行组合，形成一本打开的书，使图形具有连续性与自由性，能够有效地体现图书馆的形象。通过提取标志中的核心设计并且适当地调整它的位置及比例关系，从而得到图书馆的辅助图形基本形状。辅助图形配合标志呈现在不同载体上，二者相辅相成、相得益彰。

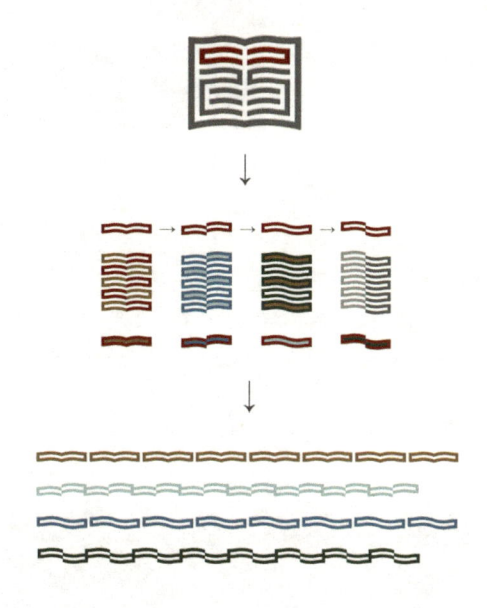

数字文创产品与品牌设计

设计展示

承德市图书馆视觉形象宣传应用中的宣传海报、书签、收藏证书等运用标志和辅助图形结合来设计，丰富视觉效果，给读者带来具有设计感的新颖感受。使应用部分规范化，有利于承德市图书馆保持独特的历史韵味。同时又可以给予读者更直观的视觉传达效果，展示了承德市图书馆的文化内涵。用恰当巧妙的构思和设计提高承德市图书馆整体形象的美学价值。通过字体、颜色、版式等的设计来实现承德市图书馆视觉形象设计，以新颖的手法和方式表达出承德市图书馆的特色，提升承德市图书馆形象，使承德市图书馆在承德有更好的发展，同时加强全民的阅读意识。

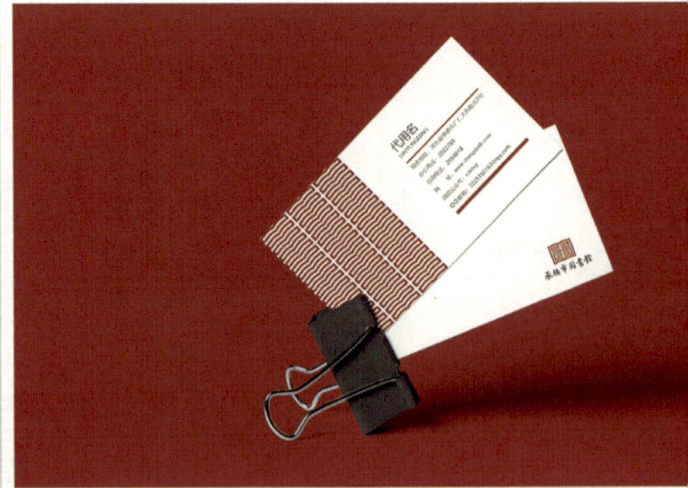

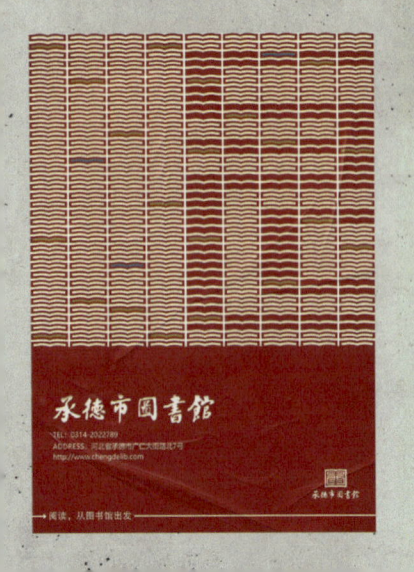

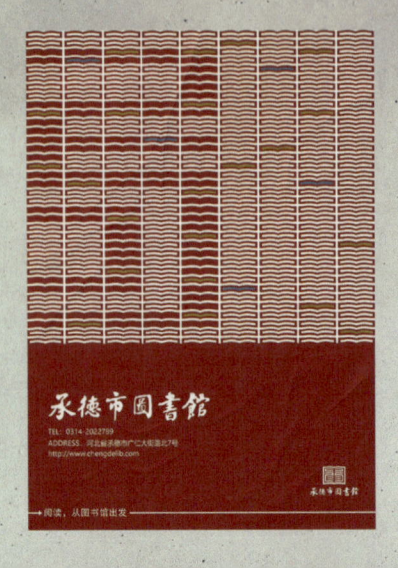

在承德市图书馆的整体视觉形象设计中，贯穿整个视觉形象的宣传媒介是应用部分的设计。这关系到承德市图书馆相关的信息展示，对提高承德市图书馆的识别性、丰富人民精神文化生活等具有促进作用，同时展现出承德市图书馆独特的历史韵味，使承德市图书馆有统一、完整的视觉形象。

4.10　文津书房标志设计研究与实践

设计背景　　　　文津阁是避暑山庄内的知名景点，承德市图书馆由此设立文津书房这一免费开放、便捷舒适的图书阅览及借阅空间，也是市民们修身养性、陶冶情操的精神寄托之所。此次视觉形象设计旨在更广泛地宣传这一城市便民书房，使之深入人心。在设计过程中需深入挖掘书房的独特之处和文化底蕴，通过强烈的视觉感染力和冲击力，进一步扩大其社会影响力。

为切实保障公众的文化权益，提升城市的文化品质，完善城市的文化功能，承德市图书馆精心打造了这一便民公益连锁阅读推广服务项目——文津书房。为提升文津书房的品牌辨识度，凸显承德市独特的文化魅力，并树立城市的新地标，特提出文津书房视觉形象设计需求。

设计目标　　　　通过对文津书房视觉形象进行设计，与地域文化相结合，提高其辨识度，树立文津书房形象，使其更具系统性、模式化，更好地宣传城市便民书房。

设计明细　　　　为文津书房设计品牌标志1枚及相关的衍生品若干。

设计调研　　　　标志种类分为：文字标志、图形标志和综合标志。通过对国内各地的城市书房进行调研，发现大部分书房视觉形象以文字标志为主，注重文化的表达，并融入书籍元素，色彩鲜明，品牌识别度强。小部分书房以图形标志为主，更加突出地域文化，具有专属性和唯一性，体现了当地文化特色和精神内涵。例如，威海城市书房标志将"W"和"H"融合起来，标示了所在城市威海的首字母，下方是摊开的书形。唐山城市书房运用"唐"字进行艺术变形，融入汉字、英文和书本等元素。淄博城市书房以"淄"字首字母"Z"作为主图形，与翻开的书页相结合。

在标志设计方面，国外发展要比国内更成熟一些，可以起到很好的借鉴作用。通过对国外的书房进行调研（GYKMHNCT书房、BIBLE书房等），发现国外书房标志更加注重艺术的表达，既简明实用又符合美学原则，大多采用英文字体和图形设计的组合，结构稳重，形式简约大气。

——设计分析　　该项目的初衷在于唤醒全民阅读的热情，彰显承德深厚的历史文化底蕴和独特的城市人文精神，也要具有思想性、艺术性和观赏性：

（1）主题鲜明，富有文化内涵，起到激发全民阅读意识的作用。
（2）具有较强的视觉感染力和冲击力。
（3）结合地域文化，提升文津书房的辨识度。
（4）表现出对阅读的态度，体现阅读的重要性。
（5）宣传城市便民书房，扩大其影响力。
（6）彰显城市文化特色，树立城市新坐标。

——设计过程　　1.标志设计

为赋予标志强大的视觉感染力和深厚的文化内涵，我们广泛搜集资料，进行细致的分析与总结，并经过多轮的不断探索与尝试，打磨出以下三套方案。

方案一：标志将"书"的繁体字与"津"字相互结合，突出内涵及文化特征，并加入竹元素，彰显节气、君子形象。整体以展开的书为表现形式，体现开放阅读、全民阅读、便捷阅读，融入古线装书元素，具有古朴的外表、儒雅的意境，焕发着雅致与风骨。

将"书"与"津"相结合　　竹彰显君子形象　　开放、全民、便携阅读　　古线装书

方案二：标志巧妙地将"津"字与繁体"书"字融为一体，创造出独具特色的汉字形logo，既展示了文津阁的历史文化韵味，又突显了书房的核心元素。其设计融入了文津阁屋檐的轮廓，使整体造型简约而不失大气。标志以红色为主色调，充满活力和生命力的色彩代表了承德市深厚的历史文化底蕴，更象征着自信与力量。

方案三：标志以古代书籍的形态为设计基础，充分展现了书房深厚的文化内涵与古色古香的韵味。在负形设计中，巧妙地融入了文津阁建筑的元素，突出了书房的独特特征，给人留下深刻印象。同时，"书是人类进步的阶梯"这一理念被巧妙地融入标志之中，通过书页与楼梯的巧妙结合，体现了开放阅读的宗旨，强调了全民阅读的重要性。标志采用醒目的红色，象征着活力与意志力，寓意知识能促使人们不断向前、向上发展。整体设计富有文化内涵，具有强烈的视觉冲击力，能够有效地扩大文津书房的影响力。

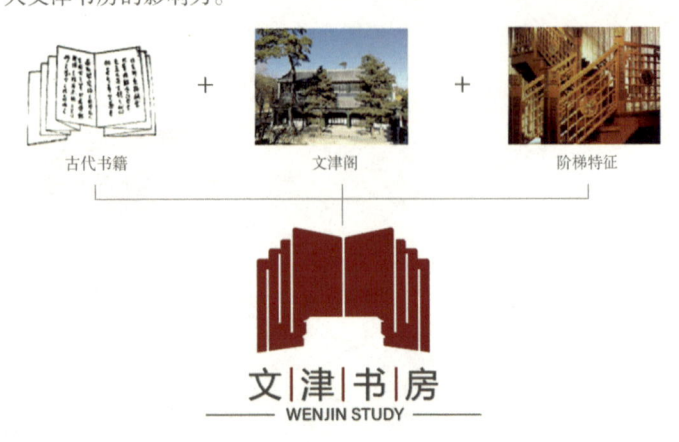

前两个方案分别从书本形状、"书"字作为切入点进行设计，但不具有专属性；方案三则选择将书籍、文津阁、楼梯等元素巧妙结合，突出了地域文化，所以最终选取了此方案。

设计期间对方案三进行了三次修改：不断优化负形文津阁的轮廓，使其识别度更高；将标志中的直角圆润化，使视觉效果更加友好；统一线与线之间的关系，调整出最舒适的视觉感受，最后进行标准色、标志间距、排版的规范确定。

第一稿　　　　　第二稿　　　　　第三稿

2.标准字体

标志的字体采用了微软雅黑，这是一种独特的无衬线黑体字体。它的字形设计独特，呈现出扁方而饱满的特点，笔画简洁而舒展，为读者带来了极佳的阅读体验。在ClearType技术的加持下，微软雅黑的清新与优美更是深入人心，给人留下难以磨灭的印象。为了与标志相呼应，文字间巧妙地融入了线性装饰元素，使得整体调性保持高度一致。而英文字体的选择，则倾向于简洁大方的无衬线体，进一步增强了标志的整体美感与辨识度。

3.辅助图形设计

辅助图形作为品牌基础视觉要素中的一部分,能够有效地辅助视觉系统的应用。此辅助图形是根据文津书房的标志提取出来的,图形一是由书的元素转化而成,主题鲜明,延展性强,同样以线和面的形式使用;图形二选择识别性最强的"文津阁",把它细节化,以线和面的形式使用,具有专属性和唯一性。

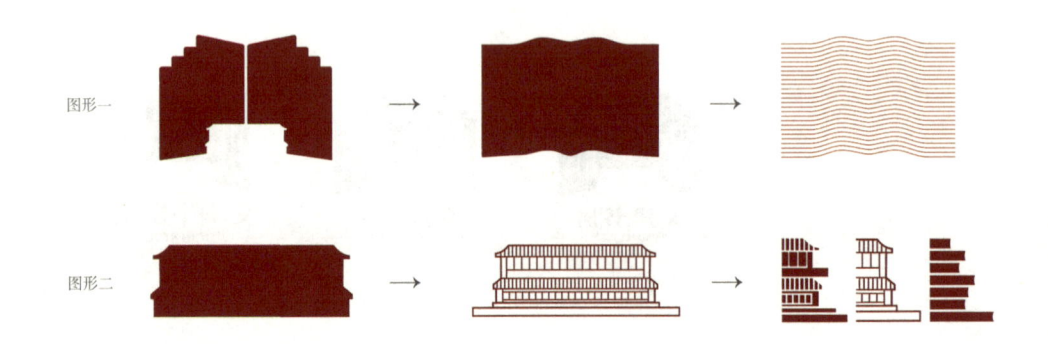

图形一

图形二

4.色彩设计

色彩对人起到一定的视觉刺激作用，使人们产生各种各样的感情。文津书房视觉形象设计中，主色调选择了代表古典文化的中国红，色调简约明快，易于识别与认同，打造出特点鲜明、大方得体、独具特色的书房视觉形象。同时，红色也象征着活力、意志力以及知识，促使人们砥砺前行。

#9d1d22
RGB 157/29/34
CMYK 40/100/100/10

#595757
RGB 89/87/87
CMYK 00/00/00/80

—— 设计展示

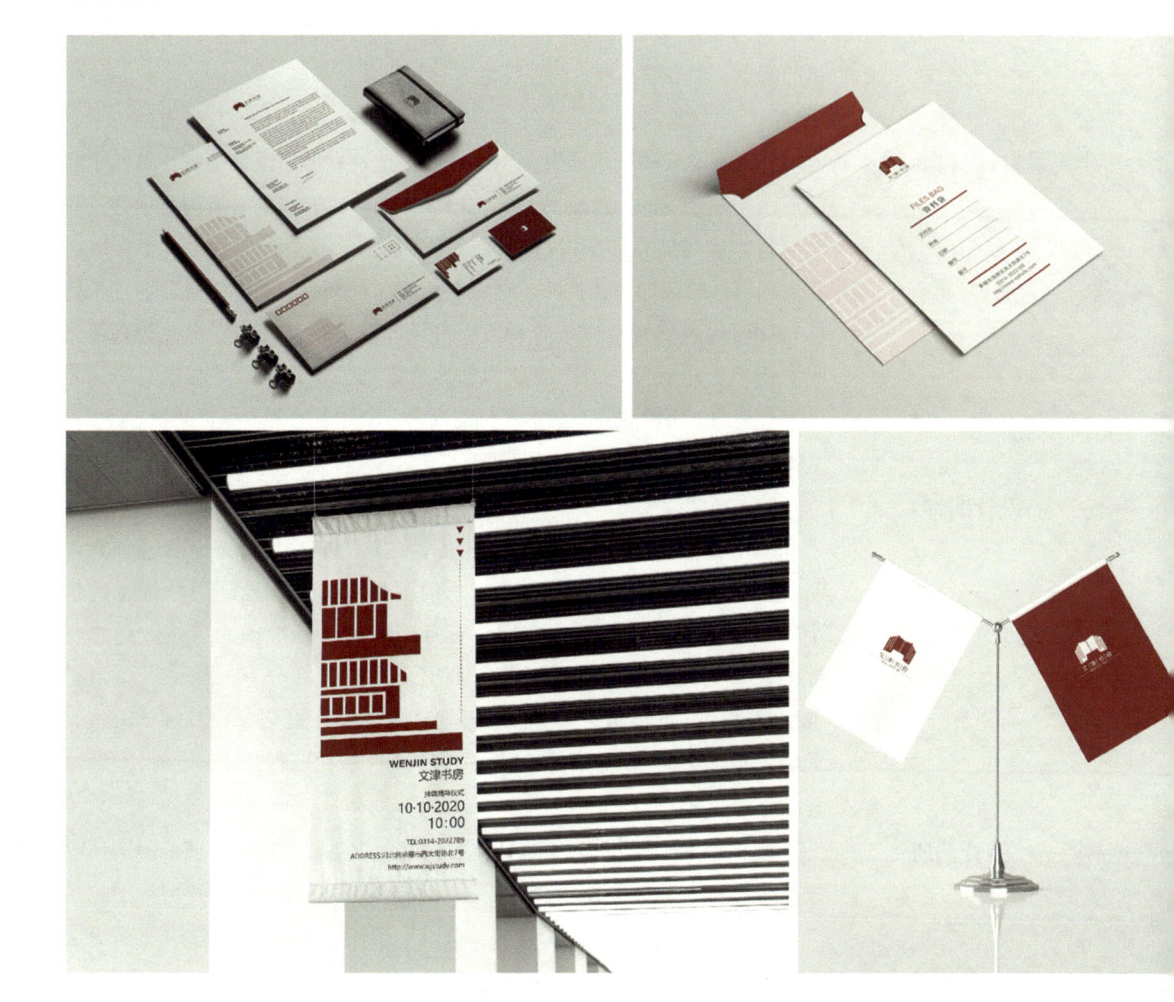

4.11 首届河北省漆艺术展暨全国漆艺名家邀请展形象设计研究与实践

设计背景

中国是漆艺术文化的发祥地,漆艺术文化与其他传统文化一样曾经创造过举世公认的历史辉煌。首届河北省漆艺术展暨全国漆艺名家邀请展是由承德美术家协会主办的重要艺术活动。作为河北省内首届专注于漆艺术的展览,本次活动不仅对于推动承德乃至河北省的漆艺术传承与发展具有深远意义,同时也为公众提供了一个领略漆艺术之美的平台。针对此次展览进行展览形象设计,力求提升展览的整体形象,充分展现其别具一格的特点,彰显漆艺展览的独特魅力。

设计目标

首届河北省漆艺术展暨全国漆艺名家邀请展形象设计的设计目标主要是展示漆画艺术的独特魅力和文化内涵,同时提升公众对漆画艺术的认知和欣赏。通过展览形象设计,展示漆画艺术的独特表现手法、丰富的色彩运用以及精湛的漆艺技法,让观众能够深刻感受到漆画的魅力和艺术价值,同时通过独特且良好的展览形象设计,引起观众的好奇心和兴趣,吸引他们走进展览,近距离欣赏和体验漆画艺术,从而增加展览的知名度和影响力,将河北省漆艺术展打造成为一个知名的艺术展览品牌。

设计明细

首届河北省漆艺术展暨全国漆艺名家邀请展形象设计主要包含基础要素和应用要素设计。其中基础要素设计内容包括展览标志、标志创意说明、字体设计、标志的组合、标志的网格制图和标准制图、标志的最小比例规范、标志的预留空间、标准字设计、标准印刷字体、标志与标准色、辅助色与辅助图形等。展览应用设计部分有工作证、信封、会议签字笔、邀请函、嘉宾证、开幕式背景布、展览条幅、宣传海报、参展证书、展签、作品集、旗帜、手提袋等,应用要素共计50余项。

设计调研

为了对即将举办的展览进行更为精准的视觉设计定位,我们对国内的漆艺术展览视觉形象设计进行了深入且全面的调研,搜集并剖析了包括"2019湖北国际漆艺三年展""中国(厦门)漆画展""2018福州国际漆艺双年展"以及"第三届漆画艺术展览"在内的国内知名漆艺术展览的视觉设计资料。

上述展览在视觉层面均充分展现了漆艺术的独特韵味，它们普遍运用图形与文字的融合设计，以红色和黑色为主色调，营造出既简洁又大气的视觉效果。然而，在调研中我们也发现，这些展览在融合现代设计理念和创新性视觉表达方面尚存在一定的提升空间。

为了更深入地洞察设计展览的视觉趋势，我们进一步探究了国内主流设计展览，如"深圳设计周"和"北京国际设计周"等。这些展览的视觉形象设计在行业内具有显著影响力，其主视觉元素色彩鲜明、艺术感强烈，图形设计既美观又精巧，为观众呈现了深刻且持久的视觉冲击力。

通过对比分析，尽管漆艺术展览在展现其独特艺术风格方面表现出色，但在与现代设计的融合及创新性展现方面仍需努力，这也成为此次展览视觉形象设计需要努力的方向。

—— 设计定位

首届河北省漆艺术展暨全国漆艺名家邀请展形象设计定位应当充分展现漆艺术的独特魅力和文化内涵，融入承德地域元素，创造出既传统又现代的视觉形象，提升展览的吸引力和影响力。

—— 设计过程

1.标志设计

视觉形象设计的核心在于其标志，这是一种具有大众传播功能的符号语言。以首届河北省漆艺术展暨全国漆艺名家邀请展的标志将数字"1"、"漆"字、避暑山庄印章及漆艺特有的肌理效果相融合，对标志进行了分割与圆角化处理，从而塑造出一种兼具现代感、大气风范、艺术韵味及良好延展性的标志形象。

数字"1"在标志中承载着双重意义：一方面，它代表着首届河北省漆艺术展暨全国漆艺名家邀请展的独特地位；另一方面，它也象征着漆艺在中华传统工艺宝库中所占据的不可或缺的重要地位。标志以红色为主色调，传递出一种稳重、典雅、大气的艺术氛围。

数字"1"　　　"漆"字　　　避暑山庄印章　　　漆艺特有的肌理效果

2.字体设计

"首届河北省漆艺术展暨全国漆艺名家邀请展"的展览字体以经典的黑体为原型，并进行了富有创意的分割处理。这种设计巧妙地融合了简约而大气的展览标志与现代几何图形，不仅彰显了展览的现代艺术气息，还进一步提升了整体的视觉冲击力和鲜明的现代感。

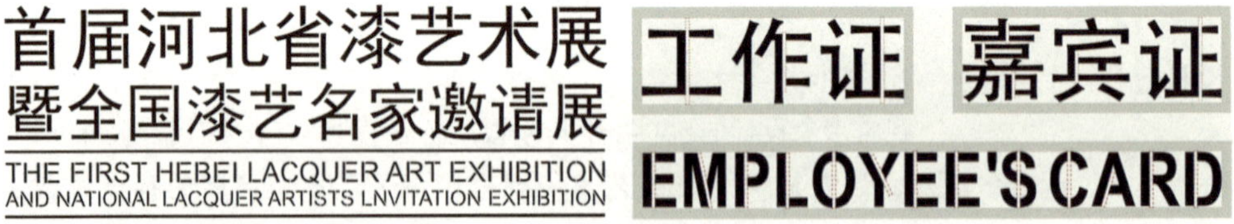

3.色彩设计

主色调采用了象征历史与文化积淀的深红色，这一色彩不仅代表着漆艺术的深厚历史背景，还传递了对于传统艺术的尊重与传承。为了增强视觉冲击力并突出主题，穿插了沉稳的黑色与简洁的白色，呈现了简约大方且对比鲜明的视觉效果，使得整个展览形象既引人注目又不失大方得体。通过红色、黑色和白色的巧妙搭配，打造出特点鲜明、独具漆艺特色的展览视觉形象。辅助色彩选用深蓝色和金色。

4.辅助图形设计

首届河北省漆艺术展暨全国漆艺名家邀请展的辅助图形设计，以标志作为主要视觉元素，运用漆画中的现代肌理效果作为装饰元素，旨在最大程度地展现漆艺术的独特魅力。通过打散标志结构，衍生出多种变化，使辅助图形系统更加灵活多变，通过现代设计手法强化整体视觉效果的现代感，从而使展览的辅助图形设计与主题相得益彰，提升观众的视觉体验和艺术感知。

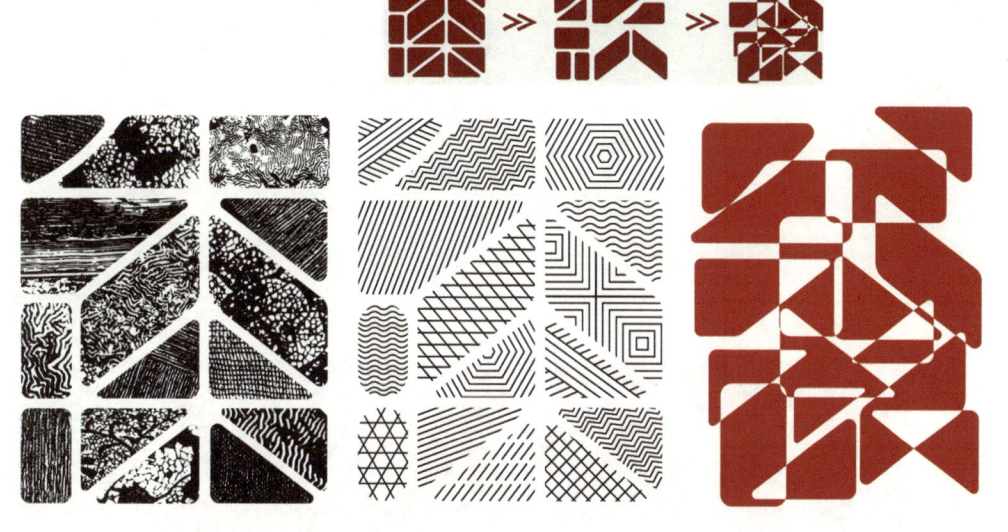

数字文创产品与品牌设计

设计展示

在展览的整体视觉形象设计中，宣传媒介设计是其核心组成部分。它贯穿整个展览，起到传递信息和强化展览形象的关键作用。这些宣传媒介的设计与展览信息的有效传达息息相关，能够对参展漆画、漆器的价值起到一定的衬托和提升作用，从而更好地体现其魅力并表达出漆艺展的独特性。

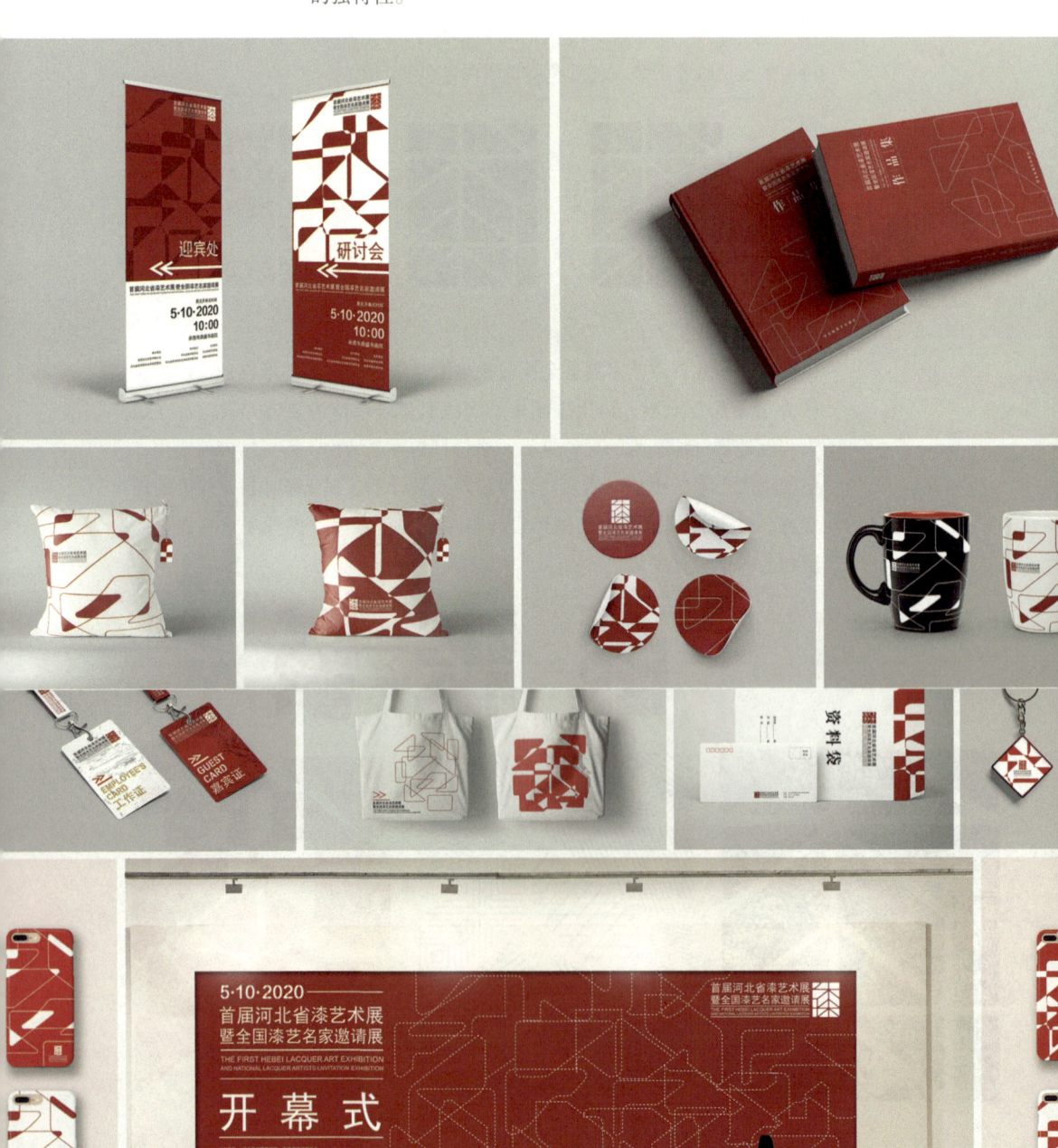

通过巧妙地融合漆艺术纹理与现代设计理念，宣传海报、参展证书和展签等不仅呈现出新颖独特的设计风格，还深刻体现了漆艺展的文化内涵和艺术价值。这样的设计不仅提升了参观者的审美体验，还能更直观、有效地传递展览的核心信息。此外，结合展览的文化主题，设计了一系列衍生品，这些衍生品不仅丰富了展览的视觉效果，还进一步延伸了展览的文化内涵，为整个展览增添了独特的魅力。

4.12 承德市气象融媒体中心视觉形象设计研究与实践

设计背景

在当前的时代背景下，我国的气象融媒体中心部门尚属稀缺。"气象＋融媒体"的共享机制构建，代表了新媒体传播功能在气象领域的广泛与深入应用。承德市气象融媒体中心，作为河北省的首家气象融媒体机构，无疑在这一进程中扮演着开创者和引领者的角色，具有重要的龙头作用。

然而，就目前情况而言，承德市气象融媒体中心尚未建立起完善的视觉形象系统。视觉形象系统对于任何一个机构而言，都是其品牌形象和文化理念的重要载体，能够有效地传达机构的特色和价值观，增强公众的认知度和记忆度。好的视觉形象系统是促进宣传和传播推广的有效保证，也是吸引潜在用户加强形象记忆不可缺少的手段。作为河北省第一家气象融媒体中心，作为全国"气象＋新媒体"的新兴行业，拥有一个好的视觉形象对促进气象知识宣传推广，提高气象文化影响力有巨大作用。

设计目标

为促进气象知识宣传推广，提高气象文化影响力，促进推动新的工作共享机制，提升城市文化形象，我们致力于打造专属于承德市气象融媒体中心的整套视觉形象设计，塑造一个具有整体性、独特性、时代性的气象融媒体中心形象设计，形成一套完备的视觉应用体系。

设计明细

承德市气象融媒体中心视觉形象设计课题研究内容包括基础要素和应用要素设计。其中基础识别系统设计内容有26项，主要分为标志的设计组合规范、标准色和辅助色，以及辅助图形的基本使用形式和应用延展。应用要素包括IP设计一套，二十四节气辅助图形一套。

—— **设计调研**

目前，我国气象融媒体中心的数量极少，且缺乏完备的视觉系统，因此能够参考借鉴的资料有限。在调研过程中，只能分别参考气象行业和融媒体行业的视觉形象设计。虽然这两个行业的标志设计都与其主题紧密结合，但一些设计作品对主题和文化的理解相对局限，导致设计元素和图形运用出现较大程度的雷同现象。综合调研结果，将其整理为图形标志设计、字体标志设计和字体图形结合标志设计三个方面。

气象类图形标志设计

名称	标志图片	设计分析
气象科技活动周		1.元素：祥云、科技感底纹 2.配色：科技蓝 3.特征分析：与特定元素相结合强调主题，沿用气象局标志特征，提高辨识度
中国天气		1.元素：云 2.配色：红、黄、绿、蓝、紫 3.特征分析：呈螺旋状，具有动感，配色新颖，给人耳目一新的感觉
中国气象局气候变化中心		1.元素：云 2.配色：蓝、黑 3.特征分析：主体是云的形状，由单一图形旋转形成，富有动感，强调变化
吉林省蓝天气象信息咨询服务中心		1、元素：云、手 2、配色：红、蓝 3、特征分析：标志是手托起一朵云，强调呵护与服务

气象类字体标志设计

名称	标志图片	设计分析
西安气象大数据应用中心		1.元素：云，汉字"西" 2.配色：蓝、白 3.特征分析：标志在云中加入了字体设计，强调地域

气象类字体图形结合标志设计

名称	标志图片	设计分析
天峰气象		1.元素：云、字母 2.配色：蓝、白 3.特征分析：字母"T"强调地域性，云的元素突出行业属性

融媒体类图形标志设计

名称	标志图片	设计分析
宜都市融媒体中心		1.元素：云纹、凤凰 2.配色：蓝、橙、白 3.特征分析：标志由两部分组成，一部分是云纹，一部分是凤凰的形象，两个部分又以太极的形式呈现，互相呼应，更具动感
北京市昌平区传媒中心		1.元素：正方体、科技感线条、字母 2.配色：红、黄、蓝、绿、紫、橙 3.特征分析：标志主体是正方体，正方体由许多方块拼合而成，中间是科技感元素设计的字母，颜色丰富，非常吸睛
崆峒区融媒体中心		1.元素：科技感像素块、流线型笔画 2.配色：橙、蓝、绿 3.特征分析：标志由科技感的像素块元素与流线型笔画搭配设计而成，具有动感和生命力
兰溪市融媒体中心		1.元素：科技感线条、星星 2.配色：蓝、紫 3.特征分析：标志由流动的线条组合形成，采用渐变的蓝紫色，具有动感

融媒体类字体标志设计

名称	标志图片	设计分析
绵竹市融媒体中心		1.元素：云纹、汉字"绵竹" 2.配色：红 3.特征分析：标志将字体与传统纹样结合，突出传统和现代的结合
邹平市融媒体中心		1.元素：汉字"平" 2.配色：橙红 3.特征分析："平"字的设计突出地域性，字体与书法字结合突出历史性
宁乡市融媒体中心		1.元素：花瓶、汉字"宁乡" 2.配色：红、白 3.特征分析：字体与书法字结合突出历史性，与花瓶结合表现标志的独特性
南浔区融媒体中心		1.元素：汉字"南"、字母"e" 2.配色：蓝 3.特征分析：汉字"南"表达地域性特征

—— **设计过程**

根据对气象和融媒体视觉形象设计的分析，得出以下结论：首先，各地气象和融媒体标志的主题和地域元素相结合，导致形式上存在一定的相似性；其次，相同类型的设计元素过于普遍，导致整体视觉缺乏创新；最后，标志未充分展现文化特色，缺乏独特性，未顺应新媒体时代审美提升，传达效果不足。因此，未来需要更多创新和差异化，以满足设计需求，提升传达效果和品牌独特性。

针对承德市气象融媒体中心的视觉形象总体设计规划，根据融媒体和气象行业的特点进行了深入分析，并提出了两点设计要求：首先，视觉形象设计要传达行业信息，在主体选取上，必须充分考虑气象元素，以突出行业属性为目标；其次，设计应反映传统历史文化特色，在设计中融入具有代表性的中华传统文化元素，赋予其历史文化内涵。

设计实践将从气象文化元素方面进行挖掘，结合当代主流审美，深入研究历史文化与现代审美的碰撞，采用创新手法和新媒体表现手段，融合地域特色进行设计。将气象元素进行时尚化、现代化呈现，塑造具有独特性、时代性的气象融媒体品牌形象，从而形成全新的"气象+融媒体"品牌视觉形象，达到宣传效果。

1.设计方向

经过调研分析与创意构思，对品牌形象进行了重塑，确保其视觉形象达到统一化、系统化的标准。形成了一系列品牌标识，包括品牌视觉设计基础部分和应用部分，如手提袋、海报、文件夹等。

气象融媒体中心的视觉形象设计具有以下特点：准确性，即符合气象行业属性，体现融合发展内涵；整体性，包括调性、主体色彩、使用规范等方面的统一；延展性，设计辅助图形及应用时注重实际使用性。

通过强化品牌形象、完善标识设计并打造IP形象，将形成统一的品牌视觉形象，增强用户对品牌的认知。这一新形象将为承德气象融媒体中心未来的宣传推广奠定坚实基础。

2.创意分析

标志设计是视觉形象设计的重要基础要素，具有使用和审美双重价值。在承德市气象融媒体中心视觉形象设计中，设计实施过程中需注意以下几点：首先，标志形象应融入历史文化和现代化特色；其次，承德气象融媒体中心的整体视觉形象风格应保持统一性；第三，注意视觉形象的运用和延伸的系列化呈现，以提高系统性；第四，应注意办公系统和导视系统的设计统一规范，通过标志图形设计、颜色和文字搭配的组合运用，形成统一且具有审美性的品牌视觉形象。

在标志设计中，可使用的图形元素包括：云、像素块、流线型线条、龙、鸟、太极图案；文字元素包括：汉字"承""气"，字母"M"（Meteorological、Media）、"F"（Fusion），还可以突出历史文化的元素，如龙、书法字。将使用这些元素从图形标志、字体标志、字体图形结合标志三个方向进行不同的组合设计，在多种方案中选择最适合的标志进行辅助图形的开发，并设计办公系统和导视系统。

3.标志设计

标志设计通常包括图形标、文字标以及图文结合标。为了设计出独一无二、更具形象性和识别性的成功标志，必须经过图形化的改造，下面通过四个方案展开承德市气象融媒体中心的视觉形象设计。

方案一：运用了龙的元素作为设计主体。龙在中国古代神话中被视为神圣的存在，更象征着领导力，突显承德市气象局融媒体中心作为河北省首家气象融媒体中心的龙头地位。同时，云的元素突出了气象行业的属性，标志大多呈现圆形或螺旋形。标志将龙与云的元素巧妙结合，呈现出一幅盘踞成云朵形状的龙的图像，使标志富有故事性。标志中的圆形被切开，三个圆形相连，赋予标志更多的流动感。图形虽然简洁大方，但形式上与百度网盘等标志相似。

方案二：以龙和宇宙星云图为设计元素，巧妙地结合了广电信息波和舞动的飘带等概念元素。这种设计将传统元素与信息化、智能化联系起来，实现了传统与现代的完美结合，使标志焕发出更新颖的魅力。飘带象征着融媒体事业的蓬勃发展，同时也将媒体中心与市民联系在一起，展现出融媒体行业的活力和开放性。

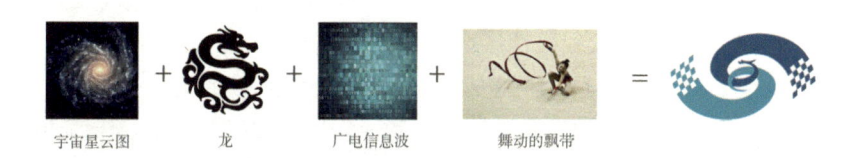

宇宙星云图　　龙　　广电信息波　　舞动的飘带

方案三：标志以"Chengde""Convergence""Center"的首字母C为设计基础，融合了红山文化中的玉猪龙、宇宙星云图和云朵等元素，呈现出一个简洁大气的形象。云是气象的标志性元素，也象征着无限的发展空间和前景，展现了气象融媒体中心的多元融合特性。同时，云具有吉祥美好的寓意，增强了标志的行业特征和亲和力。

宇宙星云图　　云朵　　玉猪龙

方案四：标志以汉字"气"为核心元素，设计中也融入了太极的形状，太极图形展现了一种互相转化，相对统一的形式美，又融入了云纹，再通过精湛的设计手法将笔画转化为富有科技感的线条。在视觉上，边缘的两笔宛若飘逸的彩带，自然延伸并形成宇宙星云的图案，赋予标志以强烈的动感和现代气息。

阴阳八卦图　　"气"字　　云纹

4.标志的确立

经过综合的比对和考量，选定方案四为最终方案，并在设计内涵上进行了丰富。以汉字图形标志为主体的品牌标志构思是当代标志设计的新趋势。承德市气象融媒体中心视觉形象设计的标志选择与标准字体设计，要在体现传统文化特色的同时符合现代审美，该标志的核心图形以书法字"气"为主体。我国古代就开始熟练地运用气象知识，"气象万千"象征着日月交替，春去秋来，四季轮回，以及自然万物的生生不息。而中国书法是最能代表我国古代文化的重要元素之一，此方案将最能代表历史文化的书法元素融入其中，并将这些元素结合赋予其独特的文化内涵。

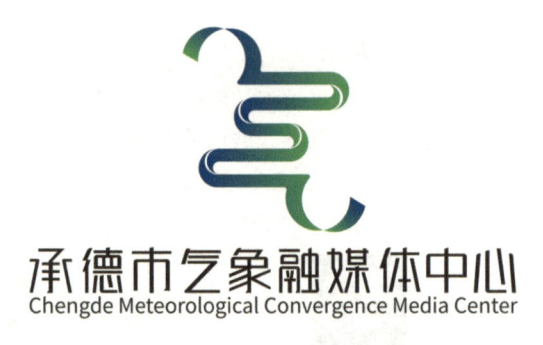

5.辅助图形设计

在设计辅助图形时，充分利用图形标志的部分元素或者与标志有较强关联的元素。因此，在设计承德市气象融媒体中心的辅助图形时，选择二十四节气作为设计主题，以标志图形为基础，进行变形和重组，形成图形化字体，强调图形，同时弱化字体。

以图形的方式表达春、夏、秋、冬四个季节中具有代表性的自然景观，如春天的柳树、燕子，夏天的荷花、西瓜，秋天的落叶、柿子，冬天的雪花、梅花等，用扁平化的形式填充进图形里，形成别具特色的辅助图形。此外，结合辅助图形生成了一套以四季为主题的辅助色系，分别以绿、红、橙、蓝四种颜色作为主色调，以"气"作为标志，以一年四季作为辅助图形，与气象的主题相呼应。

6.IP形象设计

IP是具有高辨识度、可商业化且自带流量的文化符号。承德市气象融媒体中心以云为创意点，洁白的云形象作为IP形象，它憨态可掬，亲和力强，展现出亲切感和多元包容性，以达到更好的宣传效果。IP形象的头部设计成云朵形状，更灵活俏皮，符合气象融媒体的主题。五官设计呆萌幼态，寓意气象融媒体是新兴行业，正处于成长阶段。身体装饰以科技蓝为主色调，胸前突出的圆形包裹着气象融媒体中心的标志，四肢设计配色与胸前的蓝色圆形相呼应。

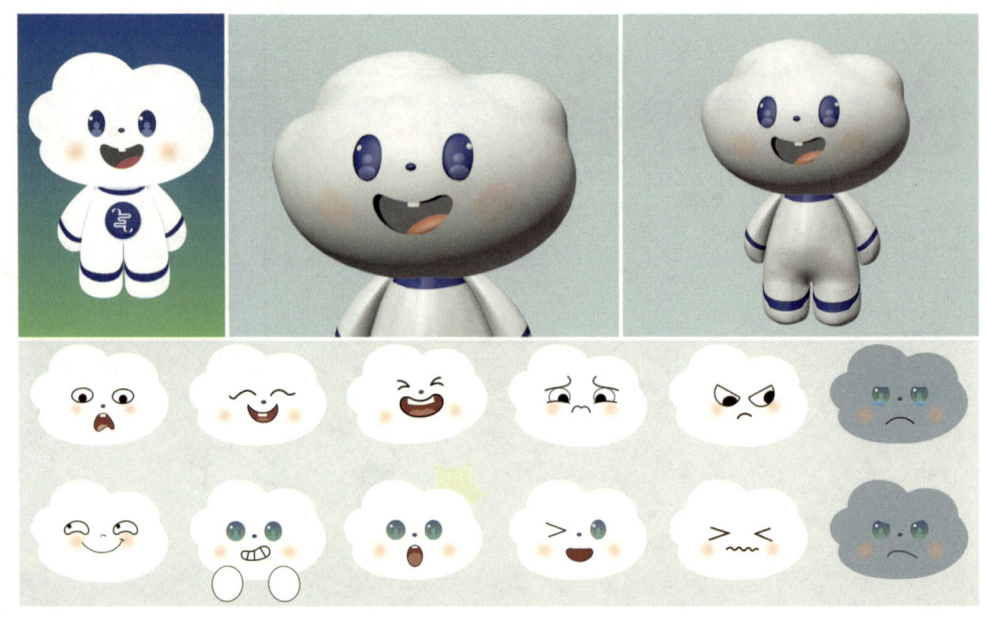

——**设计展示**　　在承德市气象融媒体中心视觉形象设计的应用实践中，充分运用新媒体、动态化的呈现方式，并将其与历史文化相结合，形成规范统一的融媒体中心视觉形象。设计不仅兼顾了对历史文化、气象知识的传承与创新，还提升了承德市气象融媒体中心品牌形象的亮点，促进了其品牌形象的良好发展，提高了承德市气象融媒体中心的品牌影响力。

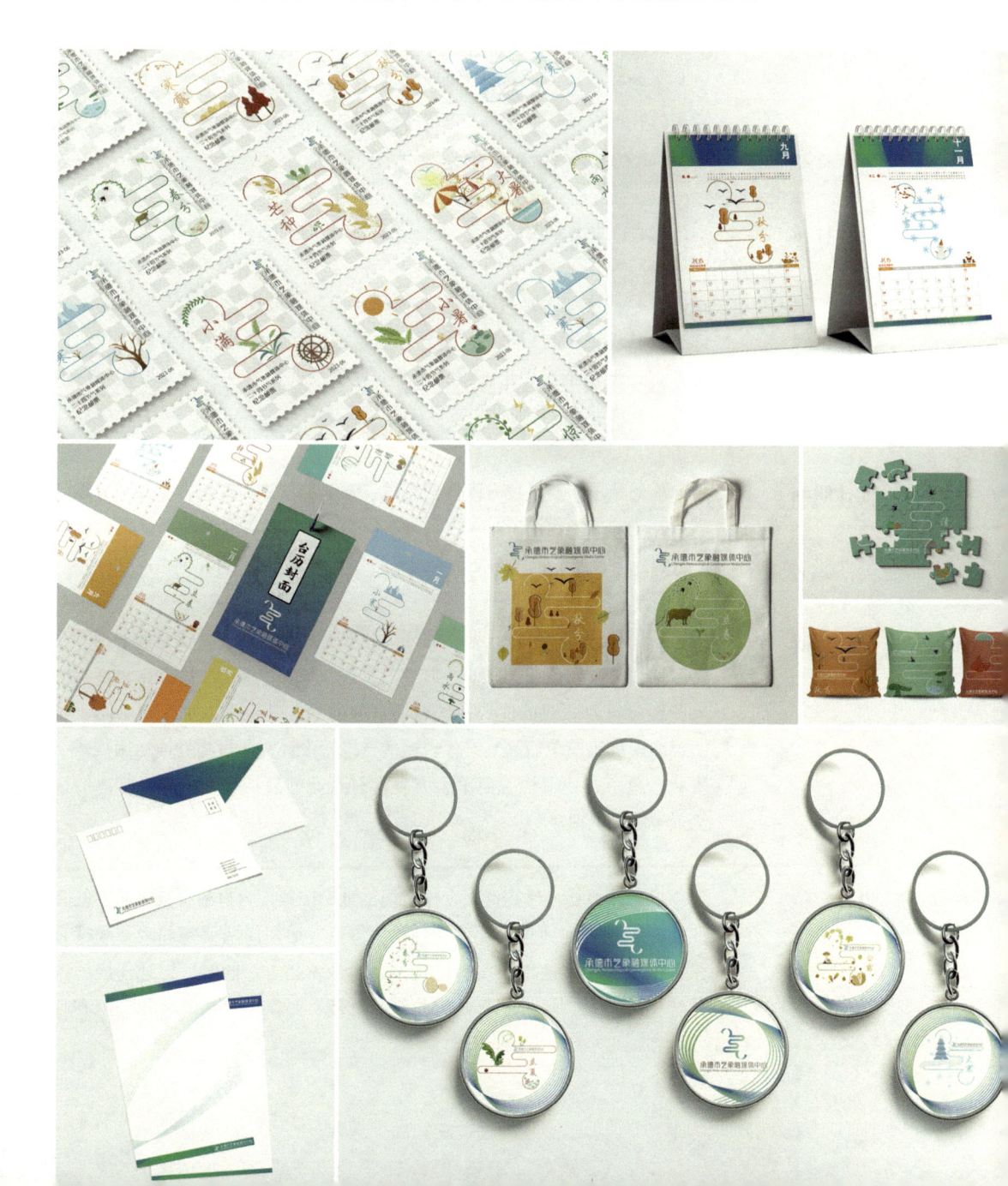

4.13 承德晶浪材料科技有限责任公司视觉形象设计研究与实践

设计背景   承德晶浪材料科技有限责任公司是承德市从事新材料技术推广服务、实验室碳材料研发、生产、新型高科技材料实验室生产、经营、销售、技术转让的企业。在公司发展阶段，需有本公司的文化理念作为支撑，从而需要一套符合公司定位的视觉形象系统。

设计目标   此次视觉形象设计并非单纯追求形式上的美感与新颖，而是更注重在内涵与形式上凸显公司的个性与特色，通过深入挖掘公司的文化内涵与精神内核，将这些元素巧妙地融入设计，使公司的视觉形象更加饱满、立体，更具辨识度与记忆点。通过视觉语言的运用，为企业创造独特的视觉标识，强化企业文化内核，提升企业形象和品牌认知度，更在深层次上推动了公司的文化建设和品牌发展。

设计明细   承德晶浪材料科技有限责任公司视觉形象设计内容包括基础部分设计和应用部分设计。其中基础部分设计内容有30项，主要分为标志的使用规范、标准色彩、标志与文字的组合方式，以及辅助图形。

设计调研   通过对国内材料科技标志的搜集和整理发现，标志往往直接采用与公司名称和科技属性相关联的图形或图文组合形式，标志中的元素更多是抽象的图形符号，它的优势在于有丰富的内涵，并给人以想象的空间。从图形中提炼出简单而又具有代表性的点进行设计，通过巧妙地运用线条、形状和色彩，使得标志简单大方且富有企业的独特含义，加强标志的记忆点、增强识别性。

设计定位   承德晶浪材料科技有限责任公司注重展现其作为材料科技类企业的专业性和创新力。标志设计以高科技为特点，运用简洁流畅的线条和富有张力的图形，传达出公司的科技实力和创新能力。同时，设计还应融入传统文化元素，通过色彩搭配和细节处理，彰显出公司的文化底蕴和独独特魅力。

标志的色彩应选用明亮而富有活力的色调，传递出公司积极向上的精神风貌和不断追求进步的发展理念。整体设计风格既符合现代审美趋势，又体现了公司的企业文化和特色，从而为公司的品牌形象塑造和市场推广提供支持。

—— 设计过程

1.标志设计

在承德晶浪材料科技有限责任公司标志设计的过程中，设计了四套风格各异的方案。设计注重图形化元素的巧妙运用，力求形状新颖、合理恰当且识别性强，以便更有效地传播信息。

方案一：特别融入了六边形的形象设计。六边形作为一种几何形状，具有独特的视觉美感，承载着"六合"的哲学思想，强调了和谐统一与完美平衡，使标志在展现科技感的同时，也散发出深厚的文化底蕴。通过运用六边形元素为承德晶浪材料科技有限责任公司打造了既具有科技感又富含文化韵味的标志形象。

晶浪二字首字母"J""L"　　古人云：六合即上、下和四方，泛指天下（天、地、东、西、南、北）

方案二：标志设计简洁而现代，既体现了承德晶浪材料科技有限责任公司的科技属性，又彰显了其品牌形象。该方案以晶浪二字首字母"J""L"为基础，通过抽象化处理，将其转化为简洁而富有创意的图形元素。同时融入material（材料）的首字母和六边形元素，使标志更具识别性和独特性。

在色彩运用上采用了渐变的蓝绿色调。这种色彩搭配既符合科技类企业的形象特征，又给人一种清新、自然的感觉。渐变色的运用不仅增加了标志的层次感，还使其更具视觉冲击力和现代感。

晶浪二字首字母"J""L"　　material 首字母　　古人云：六合即上、下和四方，泛指天下（天、地、东、西、南、北）

方案三：以科技材料水晶为创意点，充分展现了承德晶浪材料科技有限责任公司的企业特色与品牌形象。此方案深入挖掘了公司的行业属性与企业文化，将水晶这一科技材料的独特魅力与六边形、晶浪二字首字母"J""L"等元素巧妙结合，打造出一个既具科技感又富含文化内涵的视觉形象。

J L　＋　六合　＝　[图形]
晶浪二字首字母　　古人云：六合即上、下和四方，
"J""L"　　　泛指天下（天、地、东、西、南、北）

方案四：以承德晶浪材料科技有限责任公司的"晶"字为设计出发点，将"晶"字和晶浪二字首字母"J""L"融入六边形中，实现了形式与内容的完美结合。六边形作为一种几何图形，具有稳定、和谐的美感，能够引发人们的视觉共鸣。而"晶"字作为公司名称的核心部分，代表了公司的主营业务与品牌精神，将二者结合，既展现了公司的科技实力，又体现了公司的文化底蕴。

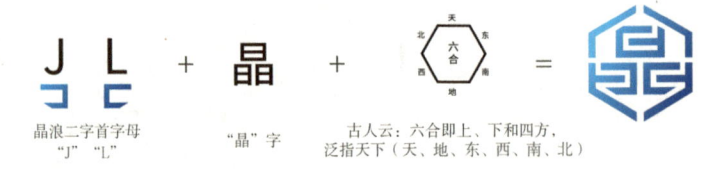

J L　＋　晶　＋　六合　＝　[图形]
晶浪二字首字母　　"晶"字　　古人云：六合即上、下和四方，
"J""L"　　　　　泛指天下（天、地、东、西、南、北）

2.标志的修改与确立

经与品牌方沟通，选定方案二为最终方案并对其进行优化，精准满足品牌方需求。

标志设计巧妙提取了晶浪二字的首字母"J"与"L"，通过艺术化的组合演变，形成了独特而富有创意的图形。这一图形保留了"J""L"字母的基本特征，在形态上进行了创新与升华，使得整个标志具有识别性又充满了设计感。

图形构成中，融入了六边形的元素。六边形在中国传统文化中，寓意着六合——即天、地、东、西、南、北，代表着天地之间的和谐统一与完美平衡，赋予标志深厚的文化内涵，使标志在视觉上呈现出稳重而又不失活力的独特视觉效果。

标志的色彩采用了科技蓝，这是一种富有科技感与现代感的色彩。蓝色代表着公司科技的无限发展潜力，象征着公司未来发展的美好蓝图。这种色彩的运用让标志在视觉上更加醒目，引起人们的共鸣与好感。

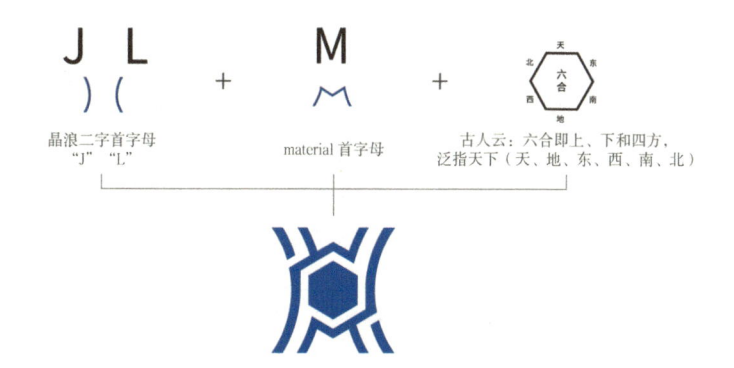

晶浪二字首字母　　　material 首字母　　　古人云：六合即上、下和四方，
"J" "L"　　　　　　　　　　　　　　　泛指天下（天、地、东、西、南、北）

3.字体设计

字体设计能够直观地表达信息的含义。字体的设计要结合标志的风格形象，所以将文字处理成稳定、有力量、有科技感的字体，既和标志有了联系，也使得字体更加具有创意。标志与标准字组合后，使得标志整体更加完整、沉稳、大气。

4.色彩设计

色彩在品牌传播中具有识别作用、认知作用、联想作用、区别作用。承德晶浪材料科技有限责任公司属于科技类的企业，所以在其视觉形象设计中，蓝色被选为主色调。蓝色代表着科技、创新和未来，这与公司的行业属性和发展方向高度契合。同时蓝色还象征着广阔与无限，寓意着公司发展的美好蓝图和无限可能。这种色彩的运用，增强了公司的科技感，也提升了品牌形象的专业性和可靠性。

#005bac RGB 00/91//170 CMYK 100/60/00/00	#4c4948 RGB 76/73/172 CMYK 00/00/00/85	#b6bed2 RGB 170/186/209 CMYK 33/22/10/00
#fabf00 RGB 249/190/100/00 CMYK 00/30/100/00	#058d74 RGB 11/141/116 CMYK 81/27/62/00	#ed6c00 RGB 236/108/00 CMYK 00/70/100/00

5.辅助图形设计

辅助图形在视觉传达系统中扮演着举足轻重的角色，它们作为图形要素，不仅能够充分展示企业形象和品牌理念，而且能够加强视觉表现力，提高视觉传达系统的适应性。

辅助图形的设计提取了标志中的核心图形元素，通过组合与排列，赋予了连续性与自由性。图形元素体现了公司的科技实力，展现了公司的创新精神，它们以流畅的线条和富有张力的形态，构建出一个充满现代感和科技感的视觉空间。

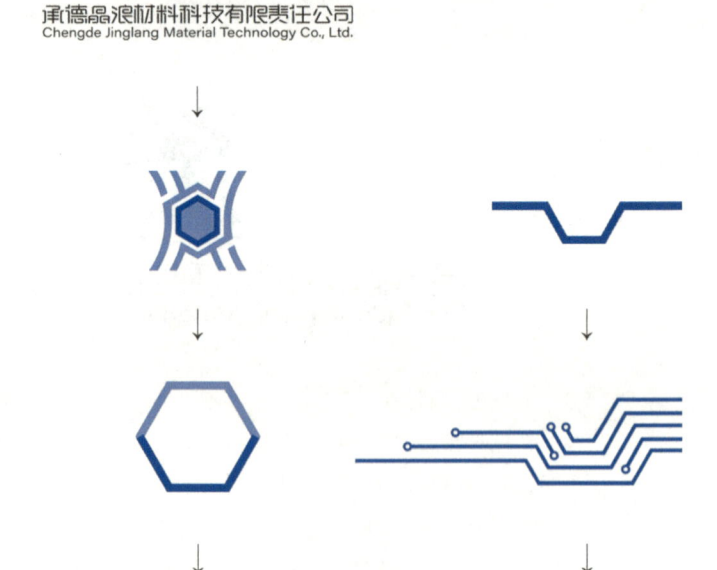

—— **设计展示**

　　VI设计是传播企业经营理念、构建企业品牌知名度以及提升企业形象的关键路径。对于承德晶浪材料科技有限责任公司而言，其视觉形象的应用部分设计显得尤为重要。这部分设计在基础元素之上展开，旨在通过巧妙的构思和精致的呈现，将公司的理念、文化以及产品特性等关键信息传递给外界。

　　承德晶浪材料科技有限责任公司的视觉形象应用设计，是对基础设计元素的延伸和对公司信息的精准展示。它有助于提升公司的辨识度，使公司在激烈的市场竞争中脱颖而出；同时能够丰富公司的精神面貌，彰显公司的独特魅力和文化底蕴，公司的影响力也将得到进一步扩大，为公司的长远发展奠定坚实基础。

　　具体到设计内容，合同、信封、名片、邀请函、工作证以及U盘等设计，都是承德晶浪材料科技有限责任公司视觉形象应用设计的重要组成部分。这些设计不仅要在视觉上保持一致性，还要在内容上体现公司的特色和价值观。通过这些设计，公司的品牌形象将更加鲜明，企业的宣传工作也将更加有力。

对于承德晶浪材料科技有限责任公司而言，通过本次设计，公司获得了清晰、明确的视觉符号系统，这些符号不仅代表了公司的身份，更传递了公司的核心价值和经营理念。

设计的意义在于强化企业的文化内核。视觉形象设计不仅仅是形式上的创新，更是对企业文化和精神的提炼与表达。承德晶浪材料科技有限责任公司的设计，将公司的文化理念、创新精神和科技实力巧妙地融入其中，使受众在欣赏设计的同时，也能感受到公司的独特魅力和文化内涵。

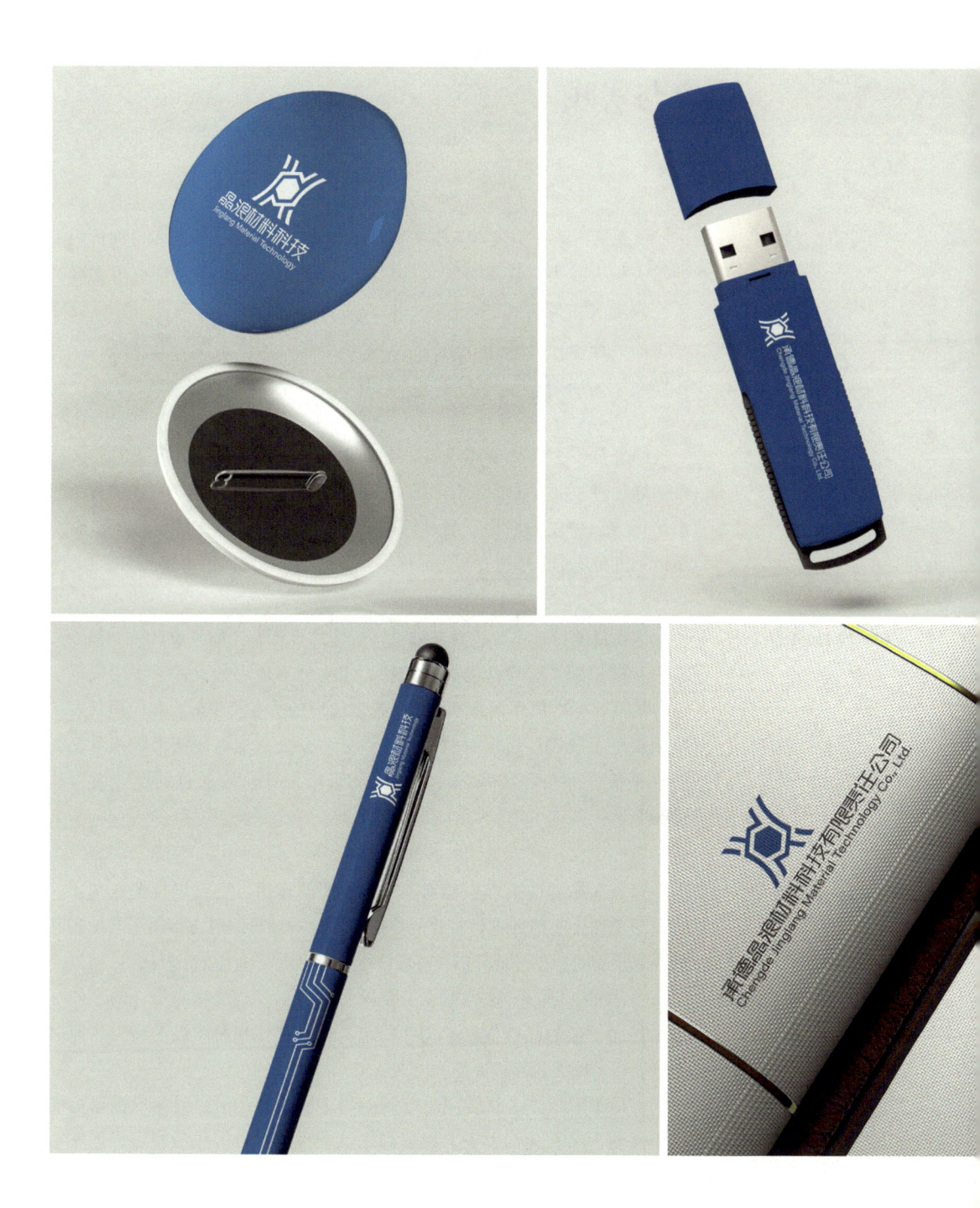

第4章 区域品牌形象及包装设计研究与实践

4.14 承德筝世家古筝艺术工作室品牌形象设计研究与实践

设计背景

承德筝世家古筝艺术工作室是承德市最早的一家古筝艺术培训机构，创始人杨天歌为三代古筝世家，专注古筝教育三十五年，现有承德双桥区、双滦区和高新区三个校区，培养了大量优秀学员。为此工作室设计一个品牌标志，能够提升工作室的整体形象，促进工作室更好地发展，让更多的人认识古筝、发现古筝的魅力。

设计目标

标志是一个文化群体或者一个企业的代表，具有十分重要的意义。希望通过对筝世家古筝艺术工作室品牌标志的设计，使其在众多的古筝艺术培训学校中脱颖而出。通过鹤舞云筝的巧妙构思和设计，打造出属于筝世家古筝艺术工作室专属的品牌形象，更好地体现出该工作室的特色。

设计明细

该项目的设计主要包含基础设计、应用设计和IP形象设计三个部分。其中基础识别系统设计内容有26项，主要分为标志的设计、使用规范、组合规范、标准色和辅助色，以及辅助图形的基本使用形式和应用延展。应用识别系统设计内容有34项，主要分为办公系统、印刷出版物系统、广告系统、办公环境系统。再加上IP形象设计，该项目的设计内容共计80项。

设计调研

标志在品牌的推广中起到了至关重要的作用，它可以将企业文化、企业形象和企业精神进行有效的传播。通过对现有的对古筝培训学校和其他音乐学校的标志进行分析，发现该行业的标志设计主要分为三类：

一是文字标志。这类标志主要以文字为主，通过精心设计的字体标志来传达学校的品牌信息。文字标志具有直观性和易读性的特点，能够直接表达学校的名称和特色。

二是图形标志。这类标志以图形为主要元素，通过具象或抽象的图形来展现古筝文化的魅力。图形标志具有视觉冲击力强的特点，能够给人留下深刻的印象。

三是文字与图形相结合的标志。这类标志结合了文字和图形两种元素，既能够传达学校的品牌信息，又能够展现古筝文化的特色。它们通常具有更高的辨识度和传播效果。

—— 设计分析

品牌的形象设计对品牌来说非常重要，标志设计的定位和意义很大程度上就代表了品牌的形象。筝世家古筝艺术工作室品牌形象设计是专属于自身工作室的品牌，是家长和孩子区别筝世家与其他品牌的主要依据，故在设计上要抓住家长和孩子对音乐培训学校教学的喜好，明确体现该工作室的教学理念为注重专业技术和音乐理论的培养，确立好品牌定位也是对中国音乐文化的宣传，旨在把古筝艺术的特色准确地传达给消费者。

—— 设计定位

标志是一种符号，它能通过特定的设计将视觉符号传达出来，达到表达特定信息的目的。图形和文字相结合的标志类型可以使古筝艺术工作室的行业特点更加的清晰明了，可以更加直观地让消费者记住。

—— 设计过程

1.标志设计

在筝世家古筝艺术工作室标志设计的过程中根据不同风格设计出三套方案。

方案一：进行字体设计，将"筝世家"三个字与云纹相结合，营造古风的感觉，云围绕圆形进行设计增加悠扬深远的氛围感，在整体结构不变的情况下时刻呈现出曲线悠长的状态，具有很强的图案感和流动性。同时，设计中将圆形进行一定的断开使标志不呆板，有一定的灵活性。

方案二：在标志设计的表现手法中结合书法体、具象或者抽象的图形，独具艺术风格，拥有强烈的视觉冲击和艺术感染力。标志以印章的正方形和"筝"字书法字体为基本元素。正方形代表着工作室的严谨的工作态度，认真负责的工作原则。对文字笔画进行一定的处理并且增加"筝"字的识别度，文字下部分与古筝形状相结合。红色的应用传达了创新的设计理念。对标准字进行设计使整体看起来充满传统音乐文化气息，增加标志的传统性。

篆书书法字体"筝"　　　　　古筝形状相结合，曲调舒缓流畅　　　　　印章的正方形，文化性

方案三：标志以古筝的形状为主要图形，古筝琴弦和"筝"字进行结合，琴弦进行一定的断开使古筝更具流动性。标志与古筝曲调的特点行云流水相结合，体现古筝的悠长，并与传统音乐文化相结合，增加标志的整体性。加入鹤的元素并进行简洁化处理，代表着吉祥高雅，也是对工作室未来发展的美好祝愿。

"筝"字点明古筝行业　　　鹤舞云筝　　　古筝曲调特点行云流水　　　古筝的形状

2.辅助图形设计

辅助图形与标志、字体等其他元素相融合，共同形成独特的视觉形象，从而增强品牌的辨识度。一个独特且吸引人的辅助图形可以使消费者对企业形象产生深刻的印象，进而在市场中脱颖而出。将标志中的代表——云和音乐悠长婉转的曲线进行一定的提炼和变形，与古筝的琴弦相结合，进行一定的拉长，使图形变得曲线幅度较小，在视觉上呈现出琴弦弹奏似的波动韵律感。在琴弦位置进行不同的排列，同时和古筝的码子相联系，进行不同颜色的填充，增加现代感使辅助图形能够更好地衬托主标志。

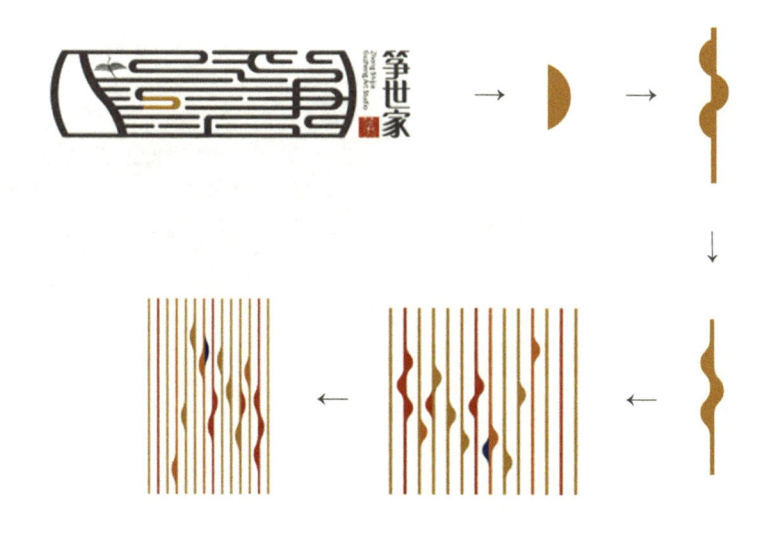

3.标志释义

标志设计不仅仅会带给人们良好的视觉体验，同时还可以传递相应的文化内涵。标志整体是以图形和文字相结合的方式呈现在人们视野中的，将古筝的外形进行整体规范化的处理。

将"筝"字和古筝的琴弦进行融合，适量的曲线和适当的断开增加标志的灵活性，传达出古筝曲调悠扬、高山流水的感觉。辅助图形设计主要是对古筝曲调进行简洁化提炼，与古筝琴弦结合，增加视觉趣味和音乐艺术的活力。标志延展设计涉及许多的实际产品应用部分的内容，

将鹤进行可爱化处理，作为品牌的IP形象，拉进品牌和孩子之间的距离，使品牌具有灵活性，让标志看上去更加生动形象。

4.字体设计

字体设计采用横竖粗细不同的宽度的设计方式，让人们清晰地看到了字体之间不同的变化，与古筝"一弦一柱、多弦多柱"的乐器结构特点相互呼应，设计出了独有的字体感。字体笔画的圆角处理，代表古筝在弹奏时音色优美、音域宽广的特点。整体设计字体醒目、统一，有利于对信息的传达和记忆。

5.色彩设计

　　色彩在这个五彩斑斓的世界里是最为夺目的元素，拥有象征意义。在设计中，将古筝黄作为专属色进行应用，给人一种大气、沉稳的感觉。红色的巧妙运用点燃孩子的热情，赋予筝世家古筝艺术工作室独有的特色与魅力，让家长和孩子能领略到古筝艺术独特的美。

古筝黄
#d48826
RGB 212/136/38
CMYK 18/54/91/00

标准色
#d82f1c
RGB 216/48/28
CMYK 11/93/96/00

#595757
RGB 89/87/87
CMYK 00/00/00/80

辅助色
#f5ba1e
RGB 245/186/30
CMYK 03/32/89/00

#e76914
RGB 231/105/20
CMYK 04/71/95/00

#10448d
RGB 16/68/141
CMYK 95/79/14/00

6.IP形象设计

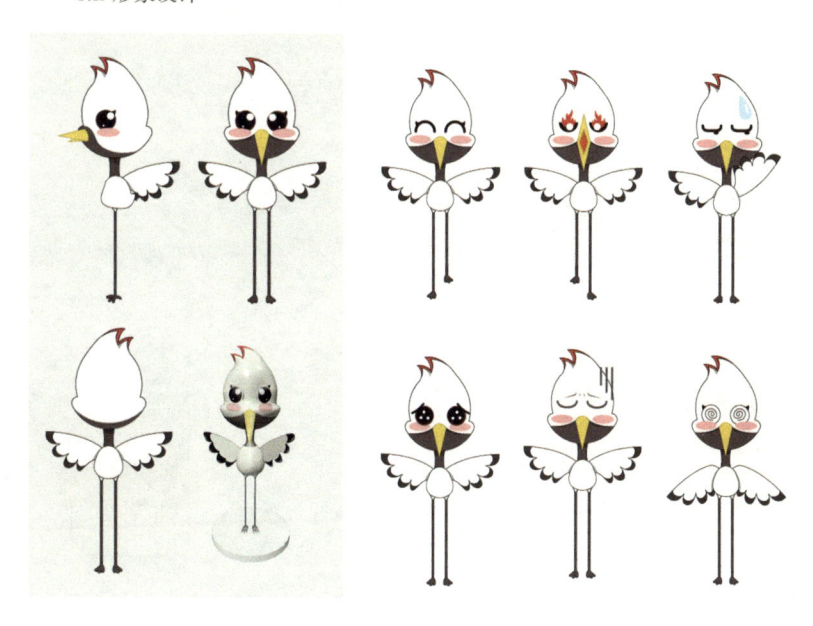

数字文创产品与品牌设计

设计展示

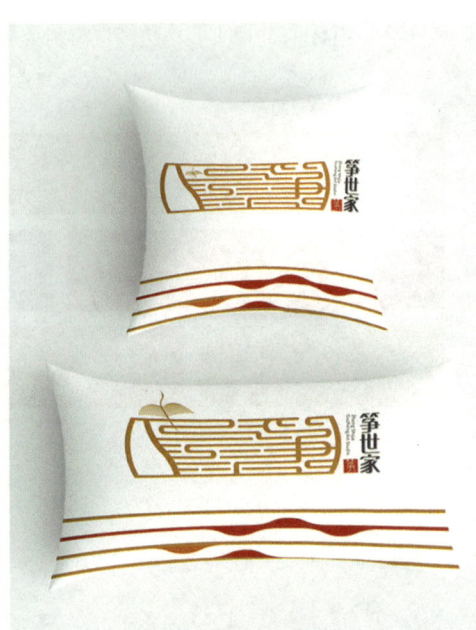

在应用部分，针对工作室的实际宣传需求，进行了多种形式的衍生品设计，包括帆布袋、丝巾、钥匙扣、太阳帽等，律动的辅助图形既有高山流水的古筝演奏特色，同时也具有一定的地域特点，对标志起到了良好的衬托作用。

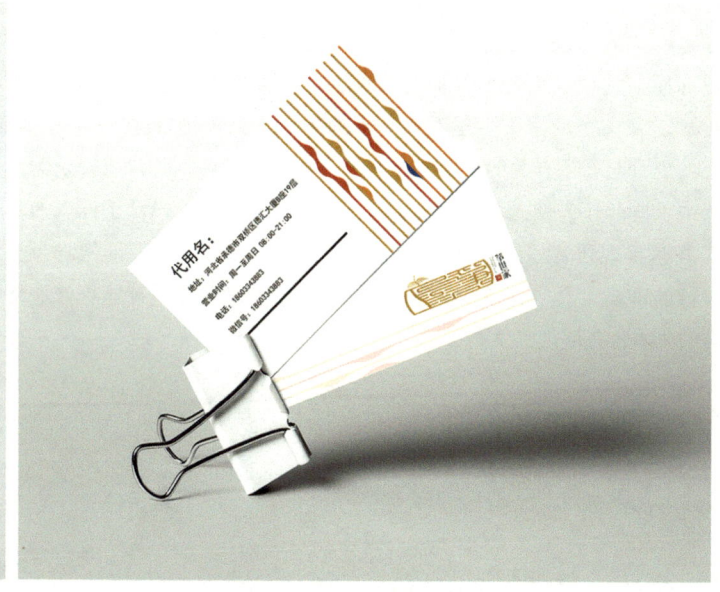

185

4.15 承德清音研究会标志设计研究与实践

设计背景

"承德清音会"非物质文化遗产是民族智慧与文化的结晶，是承载民族精神与情感的重要载体，清代宫廷音乐体现了中华民族传统而独特的文化，为了更好地让人们了解和传承承德清音，我们对承德清音研究会的视觉形象进行了重新设计，在视觉上给人以耳目一新的感觉，让年轻一代的人想要更深入地去了解清音会。

设计目标

承德清音研究会传承至今，要进行改革创新，跟随时代潮流变化，让现代的青年对清音会有一个新的认识。变化首先要从视觉开始，让人们看到新颖的东西，从而想要更加深入地去了解这个历史底蕴深厚的组织。

设计明细

该项目的设计主要分为标志的设计，以及辅助图形的基本使用形式和应用延展。

设计过程

1.标志设计

标志以"清音会"的汉字形式为创意出发点，保留了其文化内涵与历史纵深感。为使其更好地传播与传承，标志融合了现代五线谱的形式加以处理。在文字的字头字尾融入竹子的元素，意味丝竹之乐。经过调查研究发现，与音乐有关的成语多带有竹，如丝竹管弦，竹代表管乐器，是乐器中重要的代表性元素，所以本方案将竹子作为元素设计了标志的笔画。五线谱是现代音乐的重要角色之一，所以五线谱也成了承德清音会标志设计的重要元素。我们希望通过此次清音会视觉形象设计能更好地将清音会的艺术特色展现出来。

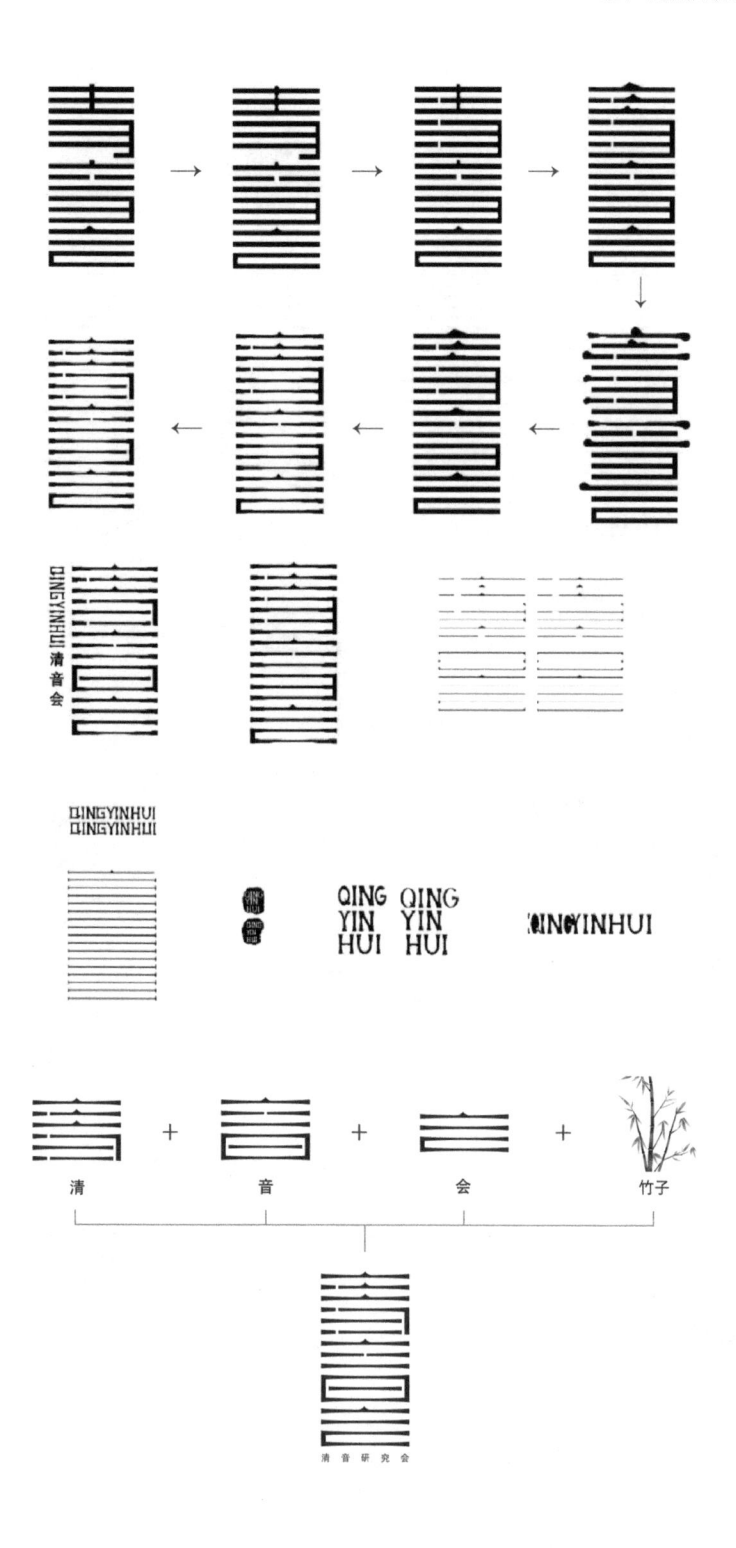

第4章 区域品牌形象及包装设计研究与实践

187

2.辅助图形设计

辅助图形中，竹子的形态被巧妙地提炼和简化，以线条的形式融入，仿佛丝竹之声在耳边轻轻响起；五线谱在辅助图形中展现出音乐的节奏和旋律，为品牌形象注入了现代感和活力。

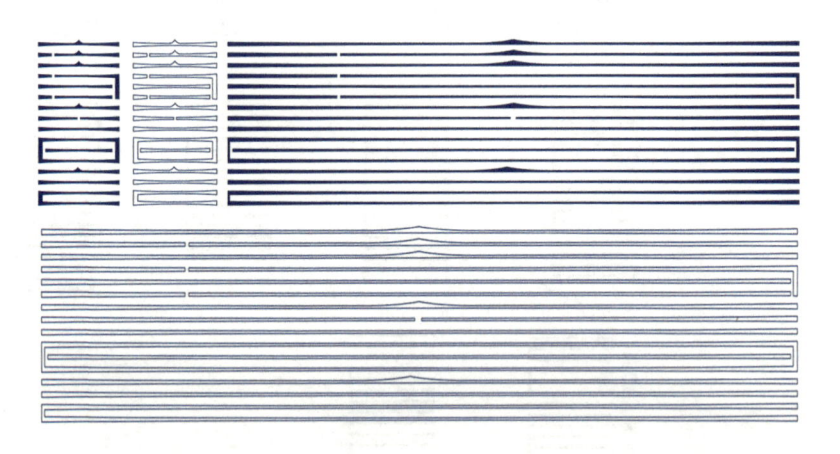

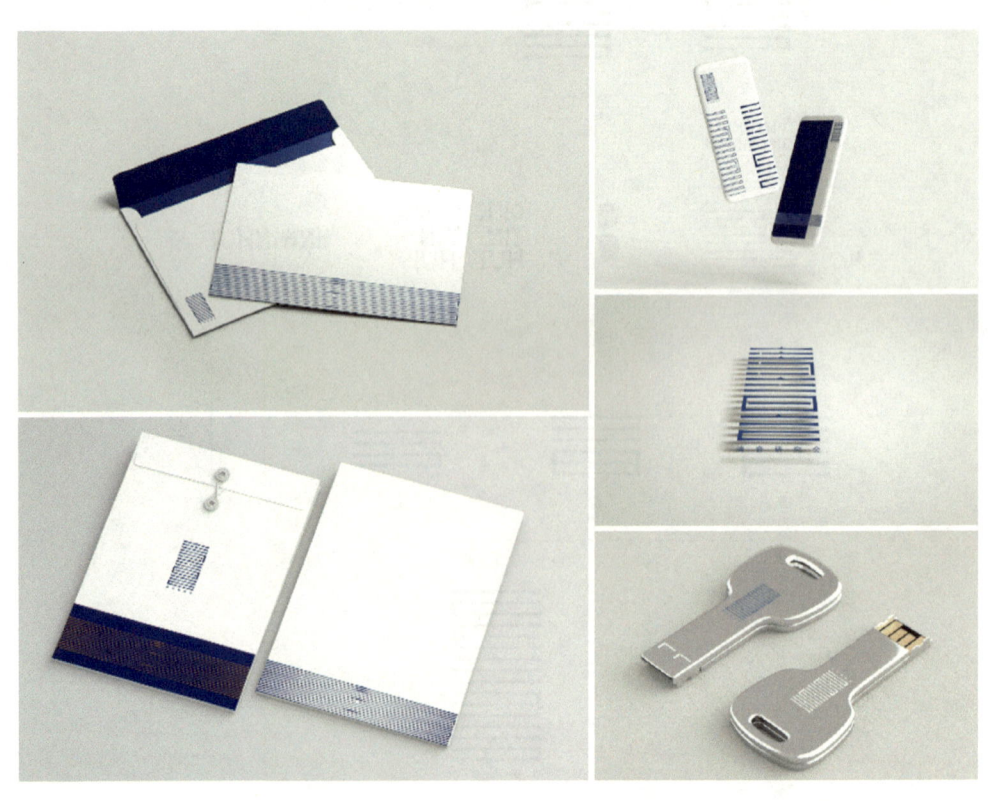

── 设计展示

4.16 承德工匠标志设计研究与实践

——**设计背景**　　为大力弘扬劳模精神、劳动精神、工匠精神，承德市总工会力求统一形象标识、打造稳定可持续的品牌形象，推动全社会形成崇尚人才的社会风尚和精益求精的敬业风气。

——**设计明细**　　承德工匠标志的设计内容包括标志设计、标准色彩、标志与文字的组合方式以及辅助图形等。

——**设计分析**　　在设计承德工匠的标志时，需深入挖掘其内涵，以"执着专注、精益求精、一丝不苟、追求卓越"的工匠精神为核心，同时展现承德地域文化的独特魅力。标志应富有新时代气息，体现对工匠精神的学习、尊重和崇尚，传承与创新并重，既展示对技艺的极致追求，又体现对传统文化的尊重。

设计上应追求风格简约且赋有寓意，确保标志的通俗易懂与独特性，避免与其他图案混淆。承德的山水风景和建筑文化元素应融入设计中，通过现代审美视角重新诠释，使标志既体现承德的地域特色，又凸显工匠文化的精神内涵。

在色彩、字体和构图的选择上，应当注重与当代品牌设计的审美需求相契合，确保标志不仅美观，更能在市场中脱颖而出，引起观者的共鸣和认同。

——**设计定位**　　承德工匠文化标志设计项目旨在传承和弘扬承德工匠精神，以及承德地域的特色文化，为品牌赋予独特的形象和内涵。

工匠精神的传承与创新是设计的重中之重，设计方案将以此为灵感源泉，通过标志形象生动展现工匠对技艺的追求、品质的坚守和传统文化的尊重。

设计将结合承德地域特色，将山水风景、建筑文化等元素巧妙融入其中。通过深入挖掘承德地域的独特魅力，打造出生动而富有张力的标志形象，彰显承德工匠文化的地域特色和文化底蕴。

设计将注重创意性和表现力。尝试多种设计方向和元素组合，以创新的视角呈现出工匠精神的内涵和魅力。通过丰富的设计手法和技巧，打造出富有张力和时尚感的标志形象。

设计追求实用性和适用性。设计方案充分考虑标志的实际应用场景和需求，确保设计方案能够准确传达品牌的核心价值和形象，同时具有良好的可识别性和可操作性。

—— 设计过程

在深入了解工匠文化和地域特色的基础上，设计团队进行创意构思，通过头脑风暴、草图绘制等方式，提炼出与工匠精神相契合、具有承德地域特色的标志设计方案。将创意构思转化为草图设计，尝试不同的设计方向和元素组合，探索最适合项目需求的设计方案。在草图设计阶段，注重对标志形象的简洁性、易识别性和美观性进行考量，选取最具有代表性和创新性的设计方案，进行进一步的细化和优化。利用设计软件进行图形绘制和排版设计，为标志形象赋予更加完整和精细的视觉效果。在经过多次修改和完善后，确定了最终的标志设计方案。

1.标志设计

该标志设计选择几何图形矩形作为整体设计框架。这种稳定的结构赋予了标志坚毅的品质，同时也体现了工匠精神中的稳健和坚实，与矩形结构相得益彰。

将大工匠的形象以文字的形式铸入标志中，并进行变化，使其更易识别，同时也更具文化特色。字母"C"与"D"的加入不仅强化了标志的承德属性，还突出了其文化底蕴和历史渊源。整体形状则形似一个"承"字，既体现了承德地区的特色，又寓意着我们对传统工匠精神的传承和发扬。

在标志的负空间中融合了承德本土元素，如避暑山庄的屋顶飞檐造型，与工匠的铁匠台和基石相结合。这种碰撞与融合不仅展现了大国工匠的顶尖技艺，也寓意着工匠精神的精益求精和对传统文化的传承。整个设计既注重精雕细琢，又着重于坚实的基础，体现了工匠精神与扎实的技艺。

矩形（稳定、简洁）　　汉字"工"——铁匠台，　　汉字"匠"——基石，　　汉字"承"　　飞檐、高举之势，
　　　　　　　　　　　打铁精神、铸匠魂　　为时代发展奠定坚实基础，凝匠心　　　　　　　汇聚承德地方特点

承德工匠
Chengde Craftsman

2.色彩设计

金色象征着工匠的匠心独运和追求卓越的品质，与工匠精神相契合，金色的光泽和质感代表了工匠们对品质和细节的追求，展现了他们对工艺的专注和坚持。在工匠文化中，金色常被视为吉祥之色，象征着成功和繁荣，因此，金色的运用能够彰显工匠们勤劳和坚韧不拔的品质，以及他们对工作的热情和奉献。此外，金色还代表着工匠们的专业精神和技艺传承。金色的光芒和温暖让人联想到工匠们传承千年的技艺和智慧，体现了工匠文化的价值和精神内涵。

金色也象征着工匠们不断追求进步和创新的精神。金色的明亮和闪耀代表了光明和希望，激励工匠们不断探索和突破，为工匠文化的传承和发展注入新的活力和动力。

#7d5123	#dcba7e	#7d5123
RGB 125/81/85	RGB 220/186/126	RGB 125/81/85
CMYK 54/70/100/20	CMYK 18/31/55/00	CMYK 54/70/100/20

3.辅助图形设计

辅助图形选择了抽象的几何形状作为主要元素,如矩形、三角形和梯形等。这些几何形状不仅具有简洁和规则的特点,还能体现出品牌的专业性和创新精神。每个形状都代表着品牌的一个方面,通过组合和排列,形成一个整体的图案,彰显了品牌的多样性和活力。

设计展示

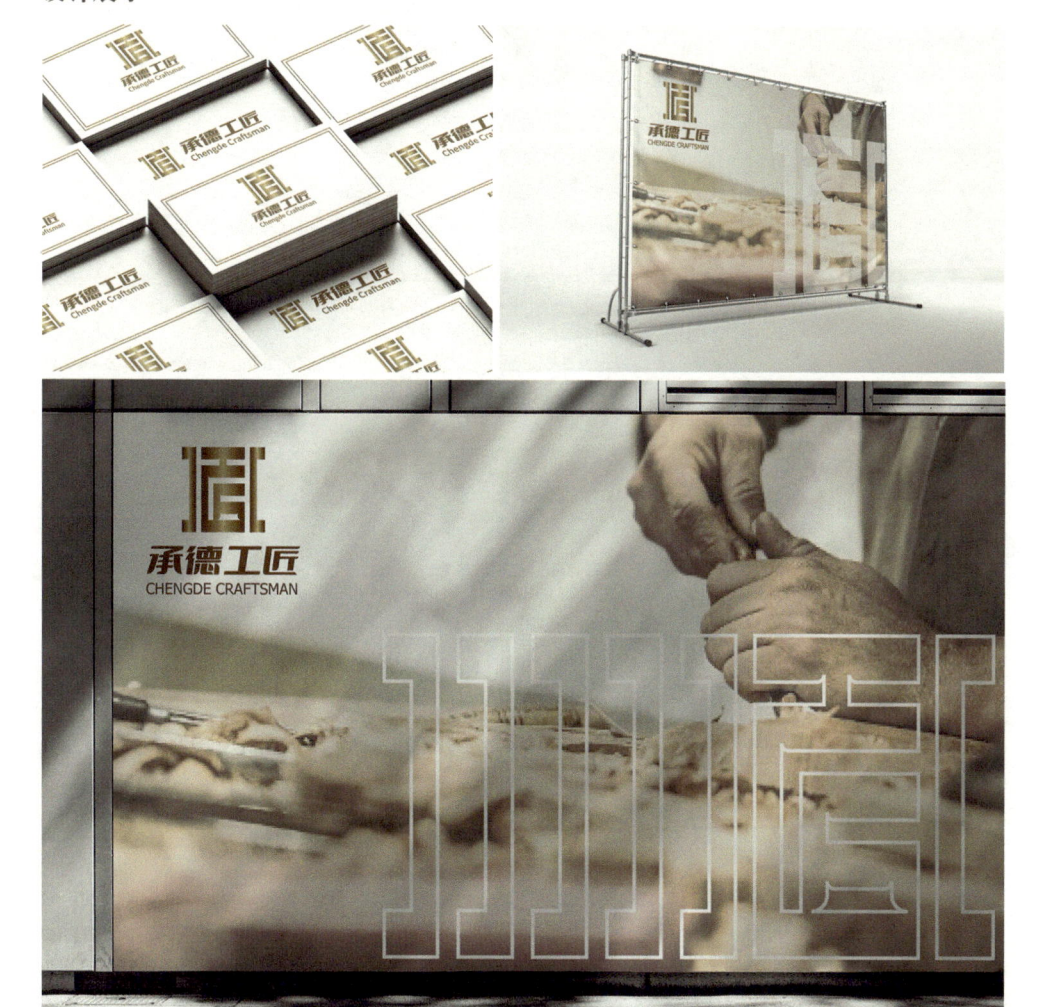

数字文创产品与品牌设计

（插图绘制：张琦航）

再题避暑山庄三十六景诗·其十七·沧浪屿

清·弘历

绿洲朗润蕙兰荣，日对沧浪之水清。

俯洁搴芳无限趣，那更分别足和缨？

第5章 机遇与挑战

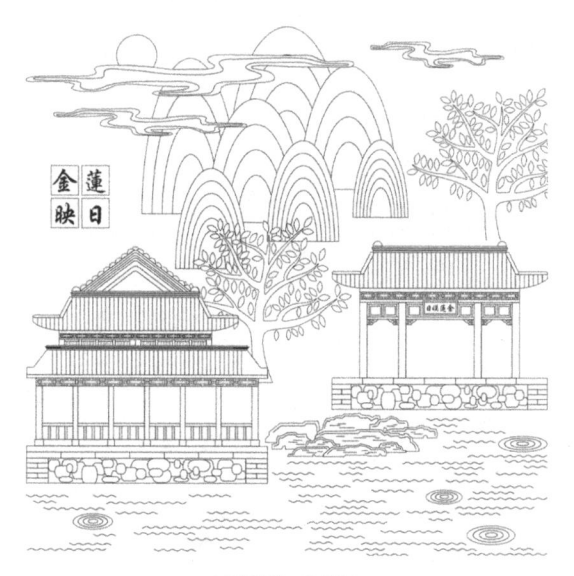

（插图绘制：张琦航）

5.1 避暑山庄数字文创产品面临的机遇与挑战

机遇方面

1. 技术革新的推动

随着数字技术的持续进步，避暑山庄得以利用高清数字化手段精细地再现其壮丽的自然景观与深厚的文化底蕴。这种技术的运用不仅能为游客提供一种新颖的艺术体验，还能通过网络平台实现文创产品的高效传播，从而显著增强其品牌效应。

2. 文化旅游消费的增长

伴随着公众生活品质的提升，人们对文化旅游产品的兴趣与需求也在不断攀升。避暑山庄作为享誉中外的历史文化名胜，其数字文创产品承载了巨大的市场潜力，能够满足现代消费者对文化旅游的深层次追求。

3. 政策环境的支持

近年来，国家政府陆续出台了一系列扶持文创产业发展的政策，为避暑山庄数字文创产品的创新与推广创造了有利的外部环境。

挑战方面

1. 市场竞争的白热化

文创市场的蓬勃发展也带来了更为激烈的竞争环境。对于避暑山庄的数字文创产品而言，想要在市场中脱颖而出，就必须在设计创意、产品质量、价格策略等方面持续创新。

2. 知识产权保护的复杂性

在文创产品的开发过程中，版权保护与知识产权问题不容忽视。为避免潜在的法律纠纷和侵权行为，相关团队需对知识产权法规保持高度警觉，并采取有效的保护措施。

3. 消费者需求的多元化

当代消费者的需求日趋多元化，这就要求避暑山庄的数字文创产品必须保持高度的灵活性和创新性，以适应市场的快速变化。同时，积极收集并分析消费者的反馈，及时调整产品策略，以提升客户满意度和忠诚度。

避暑山庄数字文创产品在享受多重机遇的同时，也面临着诸多挑战。要想在激烈的市场竞争中保持领先地位，就必须充分把握机遇，有效应对挑战，不断创新和完善产品与服务。

5.2 地域文化在承德品牌形象与包装设计中的机遇与挑战

—— **机遇方面**　　深入探索并巧妙融合承德的皇家风范、满族风情以及醉人的自然景色,对塑造独特的品牌形象和包装设计至关重要,这不仅能显著提升产品的市场吸引力,更能赢得消费者的青睐。随着消费者对文化创意产品的热衷与日俱增,融入地域特色的品牌形象与包装设计正逐渐成为市场的新宠。

为有效应对挑战并把握市场脉搏,承德品牌可采取以下策略:首先,加强对地域文化的深入挖掘,全面梳理承德的历史底蕴、文化特色和民俗风情,提炼出具有代表性的文化符号和设计元素;其次,在品牌形象与包装设计上力求创新和个性化,紧密结合市场趋势和消费者需求,以塑造独一无二的品牌形象;最后,加大品牌推广和市场营销力度,提升承德品牌的知名度和美誉度,从而吸引更多消费者的关注。

—— **挑战方面**　　然而,在将承德的地域文化元素融入品牌形象与包装设计时,也面临诸多挑战。如何精准提炼并巧妙运用地域文化元素,实现与品牌形象和包装设计的完美结合,既需要匠心独运的设计,又离不开持续的创新思考。同时,在竞争日趋激烈的市场环境下,如何保持承德品牌的独特魅力,避免陷入千篇一律的竞争漩涡,同样值得深思。此外,地域文化的传承与创新需要与时俱进,既要秉承传统文化的精髓,又要融入现代审美,满足当代消费者的多元需求,这无疑对承德品牌形象与包装设计提出了更高的要求。

综上所述,地域文化在承德品牌形象与包装设计中的运用,既展现了无限的发展潜力,也面临诸多挑战。通过深入挖掘地域文化资源,注重创新和差异化设计,以及加强品牌推广等策略,承德品牌有望在激烈的市场竞争中独树一帜,实现品牌的持续发展。

数字文创产品与品牌设计

（插图绘制：张博越）

热河三十六景诗·其十一·西岭晨霞

清·玄烨

雨歇更阑斗柄东，成霞聚散四方风。

时光岂在凌云句，寡过清谈宜守中。

参考文献

[1] 王舜. 承德名胜大观[M]. 北京：中国戏剧出版社，2002.

[2] 布莉华，段钟嵘. 避暑山庄与外八庙碑刻诗文讲解[M]. 沈阳：辽宁民族出版社，2007.

[3] 钱树信. 热河旧影——外国人眼中的承德[M]. 北京：中国戏剧出版社，2007.

[4] 钱树信. 避暑山庄宫廷音乐[M]. 北京：中国戏剧出版社，2004.

[5] 蒋和平，刘学瑜，蒋黎. 北京市发展农业文化创意产业机制与模式研究[M]. 北京：经济科学出版社，2018.

[6] 赵琛. 品牌学[M]. 北京：高等教育出版社，2011.

[7] 周承君，何章强，袁诗群. 文创产品设计[M]. 北京：化学工业出版社，2019.

[8] 吴朋波. 旅游纪念品设计[M]. 北京：人民邮电出版社，2014.

[9] 唐纳德·A 诺曼. 设计心理学[M]. 梅琼，译. 北京：中信出版社，2010.

[10] 柳冠中. 设计方法论[M]. 北京：高等教育出版社，2011.

[11] 沈婷，郭大泽. 文创品牌的秘密[M]. 南宁：广西美术出版社，2017.

[12] 尹定邦，邵宏. 设计学概论[M]. 长沙：湖南科学技术出版社，2016.

[13] 金涛，闫成新，孙峰. 产品设计开发[M]. 北京：海洋出版社，2010.

[14] 李泽厚. 美的历程[M]. 北京：生活·读书·新知三联书店，2009.

[15] 帅立功. 旅游纪念品设计[M]. 北京：高等教育出版社，2007.

[16] 金元浦. 文化创意产业概论[M]. 北京：高等教育出版社，2010.

[17] 李亦文. 产品设计原理[M]. 2版. 北京：化学工业出版社，2011.

后记

  随着数字技术的飞速发展，文创产业迎来了前所未有的变革。在这样一个时代背景下，我基于教学案例和科研项目成果撰写了《数字文创产品与品牌设计》一书，旨在探索数字技术与文化创意的完美结合的更多可能性，以及如何在品牌设计中巧妙地融入承德地域文化元素。

  本书的编纂过程，既是一次对传统文化的深入挖掘，也是一次对数字设计理念的全新探索。感谢承德市文化创意产品研发中心的支持与鼓励，正是有了这样一个平台，才能将理论与实践相结合，将想法转化为现实；感谢熊英老师的一路提携，才使我在文创产品设计的道路上不断取得新的成绩。

  在编写过程中，我深感责任重大。每一次的修改、每一次的完善，都是对传统文化的敬畏与对设计艺术的追求。希望通过这本书，能够传递出我和我的学生们对文创产业的热爱与执着，对视觉传达设计的敬畏，也希望能够激发出更多人对这一领域的兴趣与关注。

  最后，感谢所有为本书付出努力的团队成员和编辑人员。感谢曹康婧和陈思淼同学为本书所做的装帧设计，她们尽职尽责，总是以最快的速度完成设计的调整和文字的修改。特别感谢美术与设计学院芦春梅院长为本书的出版积极地争取各方支持，正是大家的共同努力，才使得这本书能够在特定的时间里完成。同时，也期待高校与社会文化企业共同携手，推动承德区域数字文创产品与品牌设计的发展与进步，让艺术设计在承德不断地开花结果。